今天如何做母亲

她与家系列

吴玫 ◎ 著

上海市学习型社会建设服务指导中心 ◎ 主编

学林出版社　上海人民出版社

丛书编委会

主　　　任：王伯军
副　主　任：陶文捷　彭海虹
编委会成员：王延水　夏　瑛　姚爱芳
　　　　　　贾云蔚　蔡　瑾　沈建新
　　　　　　徐志瑛　杨　东

目 录
Contents

总序 / 1

第一章 做好当妈妈的准备了吗? / 1
故事1 宝宝,你张张嘴 / 3
故事2 算不算约定了? / 11

第二章 从小事入手教孩子做人 / 19
故事1 这样的自私伤害了谁? / 22
故事2 我哪里错待了你? / 30

第三章 切不可溺爱和纵容孩子 / 37
故事1 你是妈妈可以依靠的肩膀 / 39

故事2　母鸡的翅膀到底有多柔软　/ 48

第四章　不做与时代脱节的妈妈　/ 57

故事1　为什么我不能有自己的孩子？　/ 59

故事2　我妈妈是名牌大学毕业生？　/ 67

第五章　不一样的言传不一样的结果　/ 75

故事1　怎么就撒手了呢？　/ 77

故事2　你是我永远的儿子　/ 84

第六章　别在孩子面前埋怨家人　/ 93

故事1　走一步三回头　/ 95

故事2　情不自禁地喜欢儿子　/ 103

第七章　该放手时就放手　/ 113

故事1　黄秀英的狠招　/ 115

故事2　我只能忍受一碗汤的距离　/ 123

第八章　不贪求一时痛快 / *131*

故事1　当妈妈就是左右为难吗？ / *133*

故事2　我更爱我的女儿 / *141*

第九章　与其唠叨不如倾听 / *149*

故事1　谁来融化这块坚冰？ / *151*

故事2　她怎么能把我推出门外？ / *159*

第十章　不做情绪型妈妈 / *167*

故事1　把忧伤赶出去 / *169*

故事2　妈妈的心是玻璃做的 / *178*

总 序

电视剧《那年花开月正圆》，既好看又充满正能量，第七十二集的重头戏是办女子学堂。由孙俪扮演的周莹说了一段话，十分经典："让女孩子接受教育，其实比男孩子受教育更重要。一个男孩有知识有见地，那不过是他一人得利；而女孩都会成为母亲，成为一个家庭的主心骨，甚至是一个家族的支撑，那她一人的知识见地，那就是全家之福，甚至是全民族之福。"

的确，母亲对子女的影响力要比父亲大得多。我国著名儿童教育专家陈鹤琴先生认为，父母与儿童的关系，分别地讲述起来，母亲和儿童更加亲密。因此，母亲教育和儿童教育的相关度也格外高。儿童在没有出世前十个月，早已受着母亲的体质和性情脾气的影响，出世以后一两年中间，无时不在母亲的怀抱，母亲的一举一动，都可以优先地影印入儿童的脑海，成为极深刻的印象。陈鹤琴先生

强调:"母亲如果受过良好的教育,她的习惯行动自然也就良好,在日常生活中间,她的儿童就会随时随处受到一种无形的良好教育;反而言之,如果母亲的习惯行动不好,她的儿童就随时随处受到种种不良的影响。俗语说得好,'先入为主','根深蒂固',母亲教育与儿童教育的关系,也就可想而知了。"

晚清民国时期的印光大师更是强调了母教的作用:"印光常谓治国平天下之权,女人家操得一大半。良以家庭之中,主持家政者,多为女人,男人多持外务。其母若贤,子女在家中,耳濡目染,皆受其母之教导,影响所及,其益非鲜。""人之初生,资于母者独厚,故须有贤母方有贤人。而贤母必从贤女始。是以欲天下太平,必由教儿女始。而教女比教子更为要紧。以女人有相夫教子之天职,自古圣贤,均资于贤母,况碌碌庸人乎。若无贤女,则无贤妻贤母矣。既非贤妻贤母,则相者教者,皆成就其恶,皆阻止其善也。""以孟子之贤,尚须其母三迁,严加管束而成,况平庸者乎?以治国平天下之要道,在于家庭教育。而家庭教育,母任多半。以在胎禀其气,生后视其仪,受其教,故成贤善,此不现形迹而致太平之要务,惜各界伟人,多未见及。愿女界英贤,于此语各注意焉。"

印光大师专门解释了"太太"二字的含义。"世俗皆称妇人曰'太太',须知'太太'二字之意义甚尊大。查'太太'二字之渊源,远起周代,以太姜、太任、太姒,皆是女中圣人,皆能相夫教子。太姜生泰伯、仲雍、季历三圣人。太任生文王。太姒生武王、周公。此祖孙三代女圣人,生祖孙三代数圣人,为千古最盛之治。后世称女人为'太太'者,盖以其人比三太焉。由此观之,'太太'为至尊无上之称呼。女子须有三太之德,方不负此尊称。甚愿现在女英贤,实行相夫教子之事,俾所生子女,皆成贤善,庶不负此优崇之称号焉。"

可见,母亲在子女成长中的作用极为重要。毛泽东和朱德之所以能心有百姓,胸怀宽广,与其母亲的身教言传是分不开的。毛泽东的母亲文七妹1919年在长沙去世,终年53岁,毛泽东专门写了一篇《祭母文》,追述了母亲的"盛德":"吾母高风,首推博爱。远近亲疏,一皆覆载。恺恻慈祥,感动庶汇。爱力所及,原本真诚。不作诳言，不存欺心。""洁净之风，传遍戚里。不染一尘，身心表里。五德荦荦，乃其大端。"朱德的母亲钟氏1944年以86岁高龄辞世，朱德写下了《母亲的回忆》，发表在1944年4月5日延安出版的《解放日报》上。"母亲最大的特点是一生不曾脱离过劳动。母亲生我前一分钟还在灶上煮饭。虽到老年，仍然热爱生产。""我应该感谢母亲，她教给我与困难作斗争的经验。我在家庭中已经饱尝艰苦，这使我在三十多年的军事生活和革命生活中再没感到过困难，没被困难吓倒。母亲又给我一个强健的身体，一个勤劳的习惯，使我从来没感到过劳累。我应该感谢母亲，她教给我生产的知识和革命的意志，鼓励我走上以后的革命道路。在这条路上，我一天比一天更加认识：只有这种知识，这种意志，才是世界上最可宝贵的财产。"

习近平同志强调："中华民族自古以来就重视家庭、重视亲情。家和万事兴、天伦之乐、尊老爱幼、贤妻良母、相夫教子、勤俭持家等，都体现了中国人的这种观念。"关于"相夫教子"，印光大师说："女人家以相夫教子为天职。相，助也。助成夫德，善教儿女。令其皆为贤人善人，此女人家之职分也。"特别是"教子"，母亲的言行至关紧要，往往可以影响一个人的一生。习近平同志说过："中国古代流传下来的孟母三迁、岳母刺字、画荻教子讲的就是这样的故事。我从小就看我妈妈给我买的小人书《岳飞传》，有十几本，其中一本就是讲'岳母刺字'，精忠报国在我脑海中留下的印象很深。"

所以，母亲的责任重大，有人认为，母亲对子女成长的影响占据80%。母教不好，后果严重。我从小就听长辈讲一个故事。有一个男子因盗窃杀人被判死刑，临刑前，他要求跟母亲见一面。见面的时候，他突然对其母亲说："你将耳朵凑过来，我要跟你说句悄悄话。"那位母亲就将耳朵凑到了儿子的嘴边。谁知这位儿子一句话没说，上去死死咬住了母亲的耳朵，硬是将耳朵咬掉了半个。儿子恶狠狠地对母亲说："如果我当初小偷小摸时，你揍我、管我，我就不会一步一步走向犯罪。今天这个结果，都是你一手造成的！"这个故事的真实性无法探寻，因为长辈也是听来的。但是这个故事却告诉我们一个道理，母亲是影响孩子一生的关键。

网上曾经疯传一篇小孩子写的作文《我的妈妈》。"我的妈妈不上班,平时就喜欢打牌和看脑残的电视剧,一边看还一边骂,有时候也跟着哭。她什么事也做不好,做的饭超级难吃,家里乱七八糟的,到处不干净。""她明明什么都做不好,一天到晚光知道玩儿,还天天叫累,说都是为了我,快把她累死了。和我一起玩的同学,小青的妈妈会开车,她不会;小林的妈妈会陪着小林一起打乒乓球,她不会;小宇的妈妈会画画;瑶瑶的妈妈做的衣服可好看了。我都羡慕死了,可是她什么都不会。我觉得,我的妈妈就是个没用的中年妇女。"

这个母亲是不合格的,这个孩子的价值观也有点偏。父母是原件,孩子是复印件。所以,严重的问题是教育父母。"怎么做父亲"需要重新学习,而"怎么做母亲"更须从小培养。印光大师说过:"教女一事,重于教子多多矣。""有贤女,则有贤妻贤母矣。有贤妻贤母,则其夫其子女之不贤者,盖亦鲜矣。"古代社会,男耕女织,现代社会,男女平等。男女平等的实质是权利的平等、地位的平等、机会的平等。强调男女平等,并不否定男女之间的分工，在子女教育中应突出母亲的关键作用。优秀的母教，是中国未来之希望，"她与家"这一课题更应得到关注。

王伯军
上海开放大学副校长
上海市学习型社会建设服务指导中心副主任

CHAPTER 01 第一章

TA YU JIA

做好当妈妈的准备了吗?

也许，再过十多年会好一些。现在初为人母者，多半是独生子女。独生子女承接了父母给孩子的百分之一百的爱，说得直白一点，就是得到了父母有些过分的宠溺。在甜得有些发齁的环境里长大的独生子女，直到出嫁了、怀孕了，甚至孩子已经睡在了自己身边的褓褓里了，自己还是个孩子。于是，许多问题纷纷涌来。

医学告诉我们，女人最好的生育年龄是25岁，可我们更加主张，假如还没有做好当妈妈的心理准备，宁愿推迟一点迎接小生命到来的时间。

第一章 做好当妈妈的准备了吗？

故事 1

宝宝，你张张嘴

六一国际儿童节就在眼前，单位里凡是家有孩子的早早就兴奋了，商量着怎么扎堆过节，商量好了就来通知宋舫。看见宋舫安静地摇头，他们大惑不解，问为什么？幸亏准备好了，宋舫回答："我先生要去德国出差，我一个人弄不了宝宝。"宋舫撒谎了，先生是要去德国，但是在两个星期后。宋舫不愿意加入他们的儿童节，是因为……

现在想起来，宋舫都不知道该怪谁。

宋舫嫁人时比较年轻，才 23 岁，所以跟先生说好了晚一点要孩子。可是，永远是计划不如变化快，很快，宋舫发现自己怀孕了。宋舫的第一个反应是不要！所以，在医生的指导下吃了一颗毓婷。还没有等到吃第二颗，不知道从哪里得到消息的婆婆和妈妈结伴而来，她们一个比一个着急地告诉宋舫，这个孩子必须要。先是商量，见宋舫不吭声，就央求；见宋舫还是不吭声，两个妈妈异口同声地命令："宝宝不是你一个人的宝宝，也不是你们两个人的宝宝，是我们大家的。必须要！"宋舫被逼到了犄角旮旯，只好直言相告："可是，我已经吃过毓婷了。"得知毓婷是个什么东西后，两个母亲先是责怪宋舫，随后死拉硬拽地把宋舫弄到了医院。

　　这么多女人排队等候在医院妇产科诊室的门外，宋舫的婆婆和妈妈开始咬耳朵，宋舫听到她们在嘀咕，现在生个孩子怎么搞得这么麻烦！宋舫凑过去告诉两个妈妈："你们先回家吧，我一个人可以。"两个妈妈又是异口同声告诉对方："你回去？"然后，谁都没有回去的意思。宋舫咬着嘴唇轻轻一笑，她们不再相信自己了。半个多小时以后，轮到宋舫就诊，两个妈妈都想跟进去，被护士嫌弃道："这么大的人看个病，要两个人陪？"说得宋舫脸上一阵燥热，但两个妈妈还是觍着脸挤进了诊疗室。只用了不到2分钟,她们就完成了这次问诊。医生说应该没有关系吧,于是那第二颗毓婷宋舫就没有吃。

那吃下去的毓婷,却已经成了宋舫心里的魔障。在地段医院办理孕妇登记手续的时候,宋舫问那个像是医生的女人自己吃过毓婷会不会影响胎儿的发育?那女人狠狠地瞪了宋舫一眼,呵斥她:"现在的小青年怎么都如此不懂事?既然是要孩子的,干吗采用药物来避孕?我的女儿就瞒着我吃避孕药,结果想要孩子了已经不可能了。"宋舫本来是要找个倾诉对象的,不料倒被人当了一回倾诉对象。可是,只要她能告诉自己那片该死的药片对孩子没有影响,就当听一个故事吧。要命的是,她给宋舫的答案是,不好说。不好说?出了街道医院,宋舫赶紧去了市里闻名的妇幼保健医院,挂了专家门诊。到了这样的专科医院,宋舫才知道原来有这么多女人像她一样正在准备做幸福的妈妈,不同的是她们不像宋舫有那么一颗毓婷在心里作祟。可是,没有毓婷,她们为什么要跑来挂专家门诊?宋舫好奇地打量在她面前进进出出的肚子大小不一的孕妇,等到护士叫到第三遍她的号码时,她才如梦初醒。

专家是个慈祥的老头。人一老，大概就没有性别了吧？所以，当老头问宋舫既然不要孩子为什么不避孕时，宋舫居然实话实说："他不肯用避孕套，再说，那时好像是安全期。"老头笑了，告诉宋舫："这个状态下有的孩子，应该是既聪明又漂亮。让我们相信这个宝宝不会太在乎该死的毓婷吧。"宋舫怎么就那么相信老头的话呢？从那以后，宋舫以阳光般的心境平平静静地迎接孩子的到来。

孩子是在预产期的前五天出生的，是个儿子，壮壮实实的，接生的医生给打了10分呢。那一瞬间，可以用"心花怒放"来形容宋舫的心情吧，她想起了那个慈祥的老头。如果不是他解开宋舫的心结，使她免于抑郁着度过整个孕期，孩子能如此健康吗？

问题是在宝宝出生后10天出现的，那时他们已经从医院回家了。按照书上的介绍，出生10天的宝宝每顿应该能喝100毫升奶了，宋舫自己没有奶，所以很好估量宝宝的食量。可是，每一回给宝宝喝奶，他总是表现出不太热衷的样子，能一口气喝掉50毫升已经很不错了。这种状态，大人不能不着急，而面对才出生10天的宝宝，大人的疑虑全靠猜测得来。既然是猜测，彼此之间难免会有误差，宝宝的外婆说宝宝不吃说明他不饿，宝宝的奶奶说外婆简直在说笑话，那么一点点奶喝下去已经过了4个小时了，宝宝还不饿？要么他是神仙！两家的大人一遇到就这样为了宝宝唇枪舌剑的，闹得宋舫只好把她们都赶回家，自己花大钱请了个月嫂来照顾他们母子。

从此以后，外婆和奶奶像是商量好了似的，从来不在宋舫这里碰面。这个矛盾是解决了，但是，宝宝依然胃口小得出奇。到了三个月按照书上的意思应该可以给他加辅食了，可是，宝宝对蛋糊、苹果泥、米粉等所有食品都不感兴趣。打那以后，宋舫每天的生活状态除了做些必须做的家务外，就是把宝宝放在膝头左手拿碗、右手拿小调羹对宝宝说："宝宝，你张张嘴。"产假休满了后，宋舫每天的生活状态除了上班就是把宝宝放在自己的膝头左手拿碗、右手拿小调羹对宝宝说："宝宝，你张张嘴。"3个月、6个月、12个月……无论多大，多半情况下，宝宝都无动于衷。宝宝长得不好也是情理中的事情，他的脸白里泛着青色，抱在手里像是一片叶子。这样的宝宝怎么抱着参加单位的儿童节活动？工会主席说我们到你家里来接你和宝宝。宋舫张嘴想要拒绝，可是，到底没有说出口。

等到宋舫抱着宝宝上了单位的巴士后，一车子的妈妈们顿时噤了声。宋舫当然知道安静的意思，有些尴尬，但她装作什么也没看出来，坐下来。坐定之后宋舫想起宝宝从早上到现在什么东西都没有吃呢，于是拿出家里冲好的米粉打算喂宝宝，米粉还温热着呢。可是宝宝一看见宋舫送过去的小调羹，就躲。无奈，宋舫只好拿出猕猴桃仔仔细细地剥去皮后喂宝宝。这一回，宝宝倒是给面子，吃了三口。可是，这三口猕猴桃吃得多不合算呵。不一会儿，宝宝就吐了，吐得一塌糊涂。宋舫边擦拭，边在心里埋怨工会主席：你多什么事呵！

第二天上班，宋舫故意晚去了一会儿，希望同事们已经埋头工作谁都不在意她。可是，她刚刚坐定下来，女同事们就在她周围围成了个圈，问她："你怎么把宝宝养成这样了？"宋舫招供似的："宝宝什么都不肯吃，叫我怎么办？""你就不应该给他吃猕猴桃！"我的孩子，给他吃什么，碍着你们了吗？当然，宋舫还没有那么不懂事，那话只有心里想想的，嘴里说的是："我家宝宝只对酸的东西感兴趣，我有什么办法。""……"宋舫烦得闭上了眼睛，可眼睛一闭上，宝宝那张白得带青色的脸就浮在了眼里。宋舫下意识地说："宝宝，你张张嘴！"这一说，把大家都吓着了。宋舫苦笑着告诉大家："这就是我每天说得最多的一句话。"

等到大家都散去了，宋舫突然想到，要怪就怪那颗毓婷！可是，这是对谁都不能说的秘密呀。

议一议

宋舫与她的宝宝之间有些窘迫的关系，是那颗该死的毓婷造成的，对吗？是，也不是。

在婆婆和妈妈没有前来劝说的时候，宋舫的思路还是清晰的，就是自己在还没有做好迎接新生命的准备时，即便意外怀孕，也要停止。可惜，在妈妈和婆婆的两面夹攻下，宋舫改变了主意。主意改变了，没有做好的准备还是没有做好。

那位老医生说得没错，仅一粒毓婷不至于影响胎儿的正常发育。假设真的如她自己所料定的，宝宝后天不能健健康康地长大是因为先天不足的条件成立，那么，导致宝宝先天不足的不是毓婷，而是宋舫自己没有做好当妈妈的准备，整个孕期她一直为自己能不能成为合格的妈妈担忧着。那颗毓婷，只是她宣泄情绪的一个出口。

我们特别不赞同老法所说的什么"坐床喜"。一个女孩，特别是独生子女，完成从女孩到女人的身份转换，需要一个过程。一结婚就怀孕，意味着女孩要一口气完成两种身份的转换，为人妻和为人母。不是说这是一个不可能完成的任务，但当事人必须有超强的心理素质，而宋舫不是这样的强者。

面对这样一个较难养育的宝宝，宋舫任重而道远。我们想通过宋舫的故事告诉初为人妻的女孩，应以宋舫为鉴，在打算要孩子之前，一定要想清楚：我准备好了吗？

还要叮嘱一句：既然打定了主意晚一点要孩子，为了孩子的幸福，为了自己的幸福，为了家庭的幸福，任谁劝说也不要轻易改变了初心。

第一章 做好当妈妈的准备了吗？

故事 2
算不算约定了？

丈夫问："明天还去不去？"

爱珍几乎没有犹豫地回答："去！"

一个"去"字，把 10 年前的往事全都勾了回来。一个晚上，爱珍都没法入睡。没有睡着，她还不敢在床上翻腾，开了一天车的丈夫一定非常疲惫了，何况明天还要去那么远的地方赴 10 年前就约定的约会。要是在平时，睡不着的人躺在床上还不让动，你会觉得床变成了火烧火燎的炕。今晚，睡不着的爱珍一动不动地躺在床上也没觉得床有什么异样，因为她的脑子忙活着，她没有空闲去关心脊背下的床怎么了。

11

10年前的夏天，爱珍就要临产了。女人呵，白天要帮家里挣钱，晚上还有干不完的家务活，只有在临产前，才能享受几天衣来伸手饭来张口的日子。可是，爱珍连这样的日子都享受不到，因为她肚子里怀的是二胎。为这，自打肚子显形后爱珍就和丈夫带着大女儿到处游荡靠收破烂过日子，当然就不像生大女儿那会儿定期到医院去检查，所以就要临产了还不知道肚子里的是男还是女。如果是男，就算是烧了高香了，背井离乡的，不就是为了生个儿子嘛。要是又是丫头呢？爱珍和丈夫根本就没往那上面想，更确切地说是不敢那么想。

结果是在老乡的一条船上分娩的，生过一胎的爱珍无师自通地自己把小女儿接生到了人世。面对不期而至的女儿，夫妻两个是一筹莫展，刚刚怀孕时只要生下的是儿子认罚5万元的豪情，都不知道到哪里去了。怎么办？商量到第4天时，从扬州出发的小船行驶到了杭州，夫妻两个决定把小女儿留在杭州。被好心的杭州人捡回去，总比让小女儿跟着他们过苦日子强。况且，如果让小女儿跟在身边，他们就要被罚掉5万元，那样的话，苦日子就更难以为继了。

天刚蒙蒙亮,爱珍就跟着丈夫下了老乡的小船。丈夫一再劝爱珍在船上坐她的月子,他一个人就能把女儿送走。爱珍哪里肯?她跟着,口袋里还揣着她背着丈夫用她那斗一样大的蟹爬字写的一张纸条,上面写着:谢谢好心人,小女生于4天前的下午,我们实在养不活她,能遇上你这个好心人是她的福气。生她的妈妈只有一个要求,10年后的中秋节让我们母女在断桥边见一面。纸条上当然不敢落款。

城里人不到天大亮是不会出门的,夫妻俩来到一个新村里的菜市场,除了几个像他们一样从农村来靠卖菜养活自己的乡下人外,没有见到一个像是杭州人的城里人,他们只好在菜市场里一遍遍地转。那么早就抱着个婴儿在菜市场里转,又不买菜,极少见,很快大家就注意到了他们,他们只好从菜市场溜出来。运气也就在这个时候降临了,远远地,他们看见一个慈眉善目的杭州老太太提着个小菜篮子朝菜场走来,夫妻两个不约而同地选择了这个老太太,就把孩子放在了一棵大树下。放下之前,爱珍从丈

夫怀里接过宝宝紧紧抱了抱，就在那个时候，她把纸条塞进了女儿的包袱皮里。

老太太果然很善良，听见婴儿的啼哭声，慌张地扔下菜篮子在女儿身边停了下来。她蹲下身子，嘴里嘀咕着"作孽，作孽"就要去摸婴儿的脸，突然又想到自己的手有些凉，便将自己的手揣进怀里暖和了片刻，才去触碰小婴儿。他们是看着老太太抱起呱呱啼哭的女儿顾不上再去买菜、返身离开菜场后，才跟着离开的。离开的一路上，爱珍哭个不停，直哭得丈夫劝她的声音也哽咽了。爱珍心想，丈夫也不容易，就拼命忍住悲伤。

这一别，就与这个小女儿分别了10年。

两年前，他们的日子过得好了起来，家里连小面包车都买了。爱珍觉得，所有这些都是被他们丢弃的小女儿在保佑他们。不是吗？假如不是要丢弃这个小东西，他们就不会跟着船从扬州来到杭州，也就不会在杭州安定下来。爱珍把心里的想法跟丈夫一说，以为一向暴躁的丈夫会吼她，没想到这个汉子也有柔情的时候，他带着哭腔问爱珍："就算想谢谢那个小孩，都不知道去哪里找她。"爱珍一听，就把那张纸条的事说了出来。丈夫这才明白当初老婆为什么一定要留在杭州做小生意。从来独断专行的男人不知道为什么会在这件大事上听了老婆的，这大概就是老婆说的，是那个小丫头在保佑他们一家。听老婆的话，还真是听对了。在杭州这些年，他们夫妻不怕苦不怕累地做各种自己能做的事情，老天有眼，他们过上了自给自足的日子。距离爱珍约定的日子越来越近了，爱珍问："我们要不要去碰碰运气？""那还用说！"丈夫斩钉截铁地回答。

第二天一大早，爱珍和丈夫就赶到断桥边。杭州西湖的风景非常美丽，可是谁会在天刚蒙蒙亮的时候就跑到断桥旁来观赏西湖山水？但是爱珍在家里实在呆不住了，她怕万一人家来早了呢？

是他们来早了，他们在如诗如画的西湖断桥边等着兑现 10 年前的约会，心情就像当年白娘子等待许仙。可是，他们一直从早上等到晚上，断桥旁的人由少变多、又由多变少，在他们面前走过的人怕上万了吧，但就是没有他们等的人。也是，人家凭什么把自己养了 10 年的孩子送回来呢？爱珍和丈夫一直等到月上树梢才回家。

一回到家里，爱珍就失声痛哭起来，任丈夫怎么劝慰，都不能让她止住眼泪。她是觉得委屈，她从来没有想过把女儿要回来，她只是想看看女儿现在怎么样了。

她10年前犯的糊涂，也不知道要噬啮她的心到什么时候。

议一议

这个故事是讲给准备要二胎的妈妈听的，只是我们选择了一个比较极端的故事告诉大家，最好做好充分的准备再当妈妈，这句忠告不仅仅针对初孕妈妈。

当然，爱珍是在国家政策还不允许生二胎的时候，有了小女儿，丢弃宝宝事非得已。10年以后帮他们夫妻养育了孩子的人，没有如爱珍所愿来赴约，是老天在惩罚爱珍，不只是她违背国家政策生了二胎，而是那么狠心地把小女儿放在菜市场的门口。

那么，在国家二胎政策出台后生育了二胎的妈妈们，真的做好准备了吗？

二胎妈妈要准备的不仅仅是孕育二胎的良好身体，还有二宝来了以后成倍增加的家务劳动，我们做好了迎接的心理准备吗？

我身边的第一个二宝妈妈，因为孕育二胎的过程身体一直不好，生下的二宝身体很差。帮她照顾大宝的爸爸妈妈年纪已大，不能像当年一样帮忙照顾二宝了。一星期跑好几次医院，她终于不得不放弃工作回家做全职妈妈。即便这样，再见到她，我们都觉得她很憔悴。所以，打算要二宝的妈妈，先问问自己的身体，可以吗？

我身边的第二个二宝妈妈，夫妻两个都来自农村，在城市里打拼，事事只能靠自己。为了给自己的两个宝贝创造更好的成长环境，夫妻两个只好拼命挣钱。二宝谁来带？他们把二宝送回了老家。虽然视频对话可以缓解这位二宝妈妈见不到孩子的焦虑，可不在妈妈身边长大的孩子心里会有一个空洞，妈妈们知道吗？所以，打算要二宝的妈妈，先问问自己的精力，可以吗？

我身边的第三个二宝妈妈，年逾40才打算要这个孩子。他们没有想到，当孩子出生的时候，家里老人的身体出现了大麻烦。看着二宝妈妈疲于奔命的样子，我们想对打算要二宝的父母说，家庭成员都准备好了吗？

所有打算孕育一个新生命的妈妈们，都应该不止一遍扪心自问：我准备好了吗？

CHAPTER 02 第二章

TA YU JIA

从小事入手教孩子做人

今天如何做母亲

她与家

有一首好听的美国歌曲叫《当一个孩子出生的时候》，第一句歌词是这样唱的：一道希望之光，在空中闪耀。没错，经过艰苦的十月怀胎，每一个家庭都会觉得，将要降生的那个孩子是爸爸妈妈、爷爷奶奶、外公外婆的希望之光。

从一个只能感知微弱光线的婴儿到牙牙学语的稚儿，到背着书包上学堂的读书郎，再历练成走出大学、走上工作岗位的社会人，为什么有的孩子如我们所愿成长为自带温度的小太阳？又为什么有的孩子变成了或沉迷于网络，或眼高手低不愿意劳作，或屡屡触碰社会道德甚至法律红线的家庭大麻烦？原因多种多样，但有一条是不少孩子之所以不成器的必然原因，那便是当孩子幼小的时候，他或她的不当行为被爸爸妈妈以孩子还小为由，一笑了之。

这个故事几乎成为"养不教父之过"的经典案例：他因为杀人越货而被判了死刑。临刑前被告知可以满足他最后一个愿望，他请求能最后拥抱一次生他养他的母亲。愿望达成的刹那，他又要求母亲能像他小时候那样让他吮吸她的乳房。为难的母亲满足了将要不归的孽子。母亲将乳房塞给孽子的瞬间，孽子狠命咬掉了母亲的乳头，哭喊道："我小时候偷了邻居家的东西，如果你狠狠地教训我一顿，而不是把东西收起来，我怎么会有今天这样的下场?！"

千万别以为孩子犯的小错可以不予追究。从小事入手教孩子怎么做人，是一种最直观的教育方法。

不过，润物细无声、胡萝卜加大棒、棍棒底下出孝子等教育方法，都及不上父母的言传身教。

故事 1

这样的自私伤害了谁？

她现在可谓是春风得意了。一个过了50岁的女人还能春风得意，真不是一件容易的事情。很多在单位里做得好好的部门领导，因为自己是一个年过50岁的女性，就不得不把自己的岗位让出来，转而去做顾问。所以，她的春风得意跟单位无关，那是因为丈夫和女儿都很出色。

丈夫是一家杂志社的社长，还是一位以写散文见长的作家。丈夫写的散文多以收藏为题材。据说丈夫的文章屡屡被专业人士抓到硬伤，但她认为那是丈夫过于出色的缘故，所谓"秀出于林必摧之"嘛。再说了，难道一个作家的作品问世后如同一粒石子掉进大海才好吗？

第二章 从小事入手教孩子做人

女儿现正在新西兰一所著名的大学念经济管理专业，已经三年级了。女儿高中读到二年级就跟她提出要去国外读书，当时她真是惊诧莫名。女儿是某市重点中学的学生。虽说女儿初中考高中的时候，丈夫他们杂志社主办的作文竞赛让女儿得了一等奖，这一奖项给女儿的中考成绩加了20分，这20分又为女儿能进市重点中学加了一道保险。有人因此质疑她女儿的学习能力，她都不愿意跟那些喜欢聒噪的人争论。她女儿在班里的成绩不算太差，考个区重点是十个手指捏田螺。书读成这样，女儿留在上海顶多是读好大学和一般大学的区别，别人家的孩子或许会担忧读了一般大学毕业后会找不到好工作，她的女儿根本就不必为此担忧，她的爸爸能帮到她啊！既然如此，又何必要千里迢迢跑到国外去？没有了爸爸妈妈，特别是爸爸的照顾，凡事都要靠自己，女儿能行吗？事实证明，女儿之举非常明智，她不仅很快就适应了新西兰的生活，还顺利地完成了预科课程，漂亮地考上了当地名牌大学的热门专业！同样要花大笔学费，由国内那些中介公司办出去的所谓的留学生，怎么能跟她的女儿比！

为女儿得意洋洋的她有没有想过，女儿离家去国外读书的真正原因？可能她一辈子都不会知道了。

一个人怎么可能轻易向外人吐露家里的烂事？哪怕这个外人是自己的好朋友，是心理医生。如果不是堆积在心里的不满太多，压迫得她女儿时时有喘不过气来的感觉，这些话也就烂在她女儿的肚子里了。

她女儿的叙述，是从这件事情开始的。那一年，她女儿十一二岁，家里发生了一件大事。不，确切地说是她单位里发生了一件大事，她被牵扯了进去。

事情是这样的：单位里的两个领导跋扈霸道，衡量员工的贡献从来不依据他们的业绩，只凭自己的好恶。一名销售人员因为不满两位领导中的一位出言不逊顶撞了他，被勒令辞职。消息在单位里散播开来后，众人被惹怒了，有几个比较热血的同事联合起来将两个人的斑斑劣迹写成一封检举信，送到了上级部门。刚开始的时候，她是观望者，每天回家后将事情的进展通报给丈夫，两个人乐一乐也就算了。观望来观望去的，她和丈夫都感觉到那几个人的举报可能会成功。这样的话，那几个人中间不就会产生新的领导吗？这样的领导一定不会欢迎对此事件袖手旁观的人！夫妻两个一合计，第二天上班后她就成了事件的积极参与者。当然，她参与得晚了些，但她丈夫当时是一家报纸的条线记者，有些举报者办不妥的事情，她丈夫努一把力就能帮他们达成心愿，她因此就成了主要和重要的参与者。哪知道以为十拿九稳能获得成功的举报者，不知为何并没有如他们所愿，到后来领导还是专横跋扈的那两位。

得知这一消息后，她和丈夫彻夜不眠商量对策，绞尽脑汁后想出了两个办法：一是调离现在的单位；一是跟两位领导认个错。在两个办法之间，夫妻两个权衡再三，觉得第一个办法风险太大。年过40的女人再到一个新单位去重起炉灶，先不论有没有单位要她，有了，她还有劲头从头开始吗？不如去跟两位领导低个头，大不了再掩饰一下真相，说他们参与此事实属无奈；再得不到两位领导的原谅，还可以透露一些事件的内幕……怕什么，反正是天知地知的事情。

原本以为天知地知的事情，却被正在小书房里做作

业的女儿一字不落地听得真切。那时候她还小，不明就里。奇怪的是，这件事情像楔子一样深深地楔入了她的脑子，并且随着年龄的增长她越来越清晰地意识到，后来爸爸妈妈带着礼物去领导家里赔礼道歉，是他们的人格出了问题。但是，那两个人是她的爸爸妈妈呀，她只好忍着，拼命忍着，到高中的时候，她觉得再忍下去自己会变成炸弹，将外人看来和睦幸福的家庭炸得粉身碎骨。于是，她选择了出国留学。

女儿在跟她的好朋友沐浴在新西兰新鲜得带着牛粪味儿的阳光下说这件事情的时候，话语里满是忧伤、迷惘、反感，甚至愤懑。为缓解她的情绪，好朋友调侃道："别说为了这个你就背井离乡了。"

她女儿沉默了，仿佛在倾听微风吹拂的声音。"我的爸爸，你知道的，他是所谓的作家，他把他在报纸杂志上发表的所有文章都剪贴起来，家里来了个人就献宝一样拿出来给人家看，都那么大年纪了，还这么虚荣，假如是你，你受得了跟这样的人天天生活在一起吗？"

见友人没有回答，她女儿继续吐槽："还有我的妈妈，看上去那么斯文的妈妈，因为与邻居关系的好坏影响不了她的升迁，就肆无忌惮地撒泼。人家不就是把香蕉皮扔到我们家院子里了吗？人家都已经打了招呼是因为小孩顽皮，我妈还不依不饶。她当时的言行，我一想起来就觉得脸没处搁。"

再过两年她女儿就要毕业了，她女儿知道她和她丈夫心事，想让她毕业后回家就业。"你爸爸已经把路都给你铺好了，谁让我女儿这么有出息呢，谁让我女儿的老爸这么有本事呢。"上次女儿回家探亲坐在沙发上看电视的时候，她搂住女儿这么说。当时，女儿嘴里嚼着巧克力专注地看电视里的肥皂剧，而丈夫则在书房里写着什么。她觉得人间最幸福的光景，莫过于此时此刻了。

但是，女儿就是不让她享受这种人间幸福。本来毕业后回家还是留在新西兰还两可着，被她这么一搂，被她的那两句话在耳边一聒噪，女儿打定主意毕业后留在新西兰了。

"一个人在异国他乡打拼，太辛苦！不如按照你爸爸妈妈的意思回去，轻松多了。不愿意跟他们一起生活嘛，

可以搬出去住。"女儿的朋友劝道。

"我一回去,他们会允许我离开他们一个人生活?我就不相信,离开了他们我就寸步难行了。"她女儿顿了顿,不无得意地告诉朋友:"你知道的,有好几个洋鬼子追着我呢,我大不了选择一个嫁掉。"

"拿着你爸爸妈妈这么多钱还这样对他们,你这不是自私?"

她女儿凄楚地笑笑。

议一议

我们无法评判她和她丈夫当年在选边站时墙头草的做法是不是关乎人格的高下,但是,他们的做法决定了女儿对自己父母的好恶,这个毋庸置疑。这个故事的结局告诉我们,家庭成员之间彼此间一定有"秘密"这个词,假如她和她丈夫在处理那件事的时候能够考虑到隔墙有耳,也许女儿就不会对他们有如此深的厌恶感,从而不得不选择远离他们,把对他们的态度掩饰起来。

如果我们认定在那个事件中她和她丈夫的做法非常欠

妥，那么，纵然他们对女儿屏蔽了这件事，他们夫妇的行为方式也会在与漫长的共同生活中不经意间流露出来。我们总是对自己的孩子求全责备，可是面对孩子所犯的错误，我们是否反省过他们这么做是不是在仿效妈妈或爸爸的行为举止？这样的妈妈可不少，天天在教育孩子要努力学习，自己则早早地放弃了追求。

这个故事让我们读到，她其实下意识地在自己的为人处事与女儿的教育上画出了一条分界线，其隐而不现的意思是，希望女儿不必像她和她丈夫那样用勾心斗角来为自己赢得社会地位。幸运的是，她女儿自带了强大的是非辨别能力，从而有了这样一个言传身教多么重要的反例。

故事 2

我哪里错待了你?

6月9日上午,王美娟像前两天一样请假在家替高考去的儿子准备午饭。小排骨莲藕汤早早地炖在炉子上了,此刻正咕嘟咕嘟地冒着带香味的热气。王美娟准备11点的时候开始烧油爆籽虾和清炒鸡毛菜,这样,就有了一餐色香味俱全的儿子喜欢的午饭了。

明明知道上午的考试要到11点钟才能结束,儿子的考场离家又有一段路程,可是从10点钟开始,王美娟就一遍遍地从阳台上探出身子看看儿子是不是回来了。为什么?说到这个为什么,王美娟忍不住要落泪。就在昨天晚上,儿子和他们又发生争执了。孩子高考期间还跟他发生争执，是大忌，不是忍无可忍，他们夫妇会出此下策？眼看再考一门化学，折磨他们全家几乎一年的高考就要过去了，可昨天晚上，儿子却向他们宣布："明天的化学我不去考了。"尽管这句话在王美娟夫妇听来犹如惊雷，他们居然仍旧能够平心静气地问："为什么？""如果我考得好，就要被外地大学录取了。我不要去外地，宁愿读上海的大专。"他们都知道大专是不需要加试这门科目的，可是做父母的不甘心培养了这么多年的儿子最后读了大专，就又问："填报志愿的时候不是你坚持要报考外地大学的吗？""同学说了，去外地4年将失去很多朋友，等到毕业后回来，就很难发展了。"一下子想不出来儿子的话错在哪里，可是，为什么别人说的话比父母的要管用百倍千倍？这样的话王美娟夫妇只敢让它在心头翻滚。与儿子一年的斗争经验告诉他们，此话一旦出口，矛盾将朝着他们无法控制的方向激化，而此刻的主要矛盾是劝说儿子明天还是去考化学。后来，他们取得了这一年中难得的一次胜利。

是的，这一年中，就是儿子读高三的这一年中，王美娟和丈夫与他们的儿子之间发生了无数次战争。

挑大的说。才进入高三没多久，王美娟记得是在十月长假后的一个星期五的晚上，儿子突然在吃晚饭的时候宣布，他要报考体育专业的大学。王美娟惊得手里拿着的汤勺"当"地掉在地上，碎成了两半。还好，丈夫冷静，说："那要加试体育的，你没有基础，怎么行？"儿子嗤之以鼻，回答："你们不让我试试，怎么知道我不行？"王美娟还是急了，顶上一句："如果不行，回头考大学，还有希望？"儿子更加不屑了："那就不读呗。两个姐姐倒是大学毕业的，不是也找不到工作吗？"儿子说的姐姐是王美娟哥哥和姐姐的女儿。当初她们如果能考上名牌大学，找工作至于这么被动？王美娟就把自己的理由说了。哪知道儿子轻轻一闪，躲过了王美娟的话锋，问他们："既然你们都认为读大学很重要，你们当年为什么不去上大学？"王美娟和丈夫一时语塞，找到的理由是因为"四人帮"不让大家读书。儿子好像就等他们的这一句话，嬉笑着告诉他们："阿姨怎么就上了大学呢？"王美娟和丈夫面面相觑，只得由着儿子。从那以后，儿子把重心移到了体育专业考生需要加试的项目上。让王美娟欣慰的是，儿子还算聪明，练了几个月后竟然通过了体育加试。得知消息后，王美娟跟丈夫交流："体育就体育吧，好歹也是大学。"而按儿子的文化成绩，考上体育专业应该不成问题，大家的心也就放下了。

风平浪静了才一个多星期，儿子又生波澜。也是在吃晚饭的时候——也不知道从什么时候开始，儿子也只有在吃晚饭的时候才肯跟他们说几句话——儿子告诉他们，他不打算报考体育专业了。为什么？王美娟和丈夫把惊讶的目光投向儿子，只听他轻描淡写地说："下午我回小学了，碰到我们的体育老师。他听说我要报考体育专业后就问我，你难道要像我一样当体育老师吗？我不要当体育老师，当然就不考体育专业了。"王美娟他们被噎得半天没有缓过来。距离高考只有两个多月了，再转方向，还来得及？儿子咧嘴一笑："放心，我会按照你们的要求上大学的，我决定报考外地大学，好处有两个，一是报考外地大学的考生少，我去报考命中率就高；二是我很珍惜与你们的感情，在一起老是争来争去的，影响感情，我不如离开你们几年。"王美娟和丈夫的手在餐桌下紧紧地攥着,生怕对方按捺不住暴跳如雷。儿子丢下饭碗走了。丈夫自嘲道:"他当我们只会给他饭吃的傻瓜了。"王美娟劝上一句:"我们就当一回哑巴吧,外地大学那也是大学。"接下来,他们夫妇只盼着儿子能够安分守己地参加完高考。

到底还是出了岔子。好在,这一年的战争中,王美娟和丈夫赢得了决战的胜利。

12点差10分,儿子踏进家门。等到儿子从卫生间出来,饭菜已经在餐桌上放好。儿子开始吃饭,王美娟眼巴巴地看着儿子。大概是被王美娟的这种表情看毛了,儿子粗着喉咙告诉王美娟:"你想问就问好了,这样看着我!告诉你们,我化学只考了半小时就出来了,跟你们说过的,我不去外地大学。"

等到王美娟从呆若木鸡的状态中回过神来,儿子已经不知去向,桌上是儿子留下的残羹冷炙。王美娟酷爱干净,按照往常,她硬撑着也会将餐桌上的残局收拾干净的,此刻她却一点点力气都没有。好不容易能够挪动自己了,王美娟走向卧室的梳妆台,拉开右手边的橱门,摸出一本相册，里面收藏的是儿子出生后到 12 岁的照片。12 岁以后，儿子就不愿意走进他们的镜头了。审视儿子 12 岁之前活泼可爱的模样，王美娟苦苦思索，今天这样的儿子是从什么时候开始的？真是没有源头。可儿子就变成这样了，王美娟心痛得潸然泪下。

议一议

高考，是社会强硬地塞给孩子的成人仪式。

有的妈妈很早就意识到，从孩子到成人绝不是一朝一夕就能完成的蜕变，她们在高考距离孩子还很遥远的时候，就开始有意识地引导他们，说得浅白一点，就是从小事入手教会他们怎么做一个成年人。

聪明的妈妈不会觉得，让读到高中的孩子适当参与家务劳动是浪费了他们的学习时间。孩子参与家务劳动的好处在于，他们能够切身体会到，除了上班还要操持繁重的家务，妈妈是家里最辛苦的那个人；自己能够心无旁骛地投身学习，是幸运也是作为家庭成员应该承担的职责。

聪明的妈妈会跟孩子的爸爸商定，从高考填报志愿开

始,孩子的未来就应该由孩子自己来规划,妈妈和爸爸只能当参谋。没错,荷尔蒙爆棚的青少年时期,孩子们容易冲动,冲动之下也许看不清自己的选择是不是适合自己,是不是有利于自己的发展。这种迷茫在王美娟儿子填报志愿的过程中极为充分地表现了出来。王美娟屡屡表现得不知所措,就是自己这个参谋的准备工作没有做充分。所谓充分的准备工作,就是清晰地知道孩子的未来在哪里,然后在貌似由他做主的选择中不动声色地替他把握方向。

在故事中,王美娟儿子的高考是一件大事。可是,放在漫长的人生中,高考又是一件不那么大的事情了。因其在人生旅途中所起的作用,高考这件事里又包含着许多能够帮助孩子学会做人的切入口。比如,我们刚才说到的怎样正确选择自己的人生。除此而外,至少能让高考中的孩子意识到,家庭成员都在为他的高考做贡献。尊重家人是学会尊重他人的第一步。不要等到自己成为王美娟的那一天,只能抹抹眼泪暗自神伤。

CHAPTER 03 第三章

切不可溺爱和纵容孩子

溺爱和纵容孩子，是家庭教育中万万使不得的招数，相信所有妈妈都明白这个道理。可是，在实际生活中，我们总是能看到妈妈们溺爱和纵容孩子的行为。

自从有了某宝以后，Shopping mall 里的实体商店因为生意不好纷纷选择撤离，腾出来的空间很多成了健身中心、幼教中心或儿童活动中心。妈妈有时间的话，带孩子去商场的儿童活动中心玩乐，真是一种好的选择，除了能让孩子放开身心，和素不相识的小伙伴一起玩，也是培养孩子怎么与他人相处的最好途径。

孩子们在一起玩耍，难免会有些小纠纷和小摩擦。过分溺爱孩子的妈妈，看见自己的孩子暂时受了委屈，会不顾一切地替孩子教训"欺负"他的小伙伴；过分纵容孩子的妈妈，甚至会"指导"孩子以牙还牙。

这实在是很坏的教育方式。那么，妈妈应该怎么避免溺爱和纵容孩子呢？

故事 1

你是妈妈可以依靠的肩膀

第三章　切不可溺爱和纵容孩子

我们是同事。那时，单位里给我们的福利是集体外出游玩时可以带上家属。那一年冬天我们带上各自的儿子随单位去海参崴旅游，他们都 10 岁。

冬天的海参崴，动不动就是一场鹅毛大雪，海面上更是封冻得卡车可以在上面自由地飞驰。

海参崴的老人喜欢穿得厚厚的坐在冰面上海钓，只要脚边有一瓶伏特加就能安静地在那里坐上一天。这幅画面对我们而言太新奇了，所以，我和她都带着儿子去看俄罗斯老人钓鱼，而孩子的爸爸们则站在岸边抽烟聊天。

看几眼钓鱼的老先生，我们的儿子就开始你推我一

下、我操你一把地打斗起来。唉，10岁，狗都嫌的年龄。为什么狗都嫌？好动呗。

就在这时，同事的爱人高喊起来："小子们，摔跤啊，玩摔跤游戏，我来当裁判。"说着，撇下我老公撒腿跑过来。

这时，我同事出来阻拦了："我们孩子正在学摔跤，人家没学过。摔伤了人家怎么办？"可她老公一定要在我儿子身上检验他儿子摔跤学得怎么样。我无所谓，冰面上，还能把孩子摔伤？就由着他们让两个孩子摆出摔跤比赛的架势。

也许还学得不到家？或者是我儿子长得过于高大？两个孩子上手没多久，我儿子就"趴趴趴"连着三次将对手摔趴在冰面上，慌得他爸爸忙不迭地把孩子拖走了。我同事不好意思地看看我，又气急败坏地大喊："嘿，是你要让孩子玩摔跤游戏的，怎么能一输就跑呢？你这样教育出来的孩子，会没出息的！"

后来，我听我老公说，她老公假装听不见我同事的叫喊，却在嘀咕：傻瓜才吃了亏还不跑呢。

就因为两个人的三观严重不合，从海参崴回来没多久，我同事就离婚了。那真是一场漫长的离婚诉讼，因为两个人都不愿意放弃孩子的抚养权。我们都劝她："要孩子干什么？想要再婚就多了一个障碍。"可我同事坚定地表示，一定要孩子，不然，那孩子会被他爸爸教坏的。

我同事是母亲嘛，虽然过程周折，孩子她还是要到了。那男人可真够不要脸的，见孩子判给了他妈妈，连探视权也放弃了，后来抚养费也经常不到位。我们替她抱屈。可她说什么，我儿子能长大成人，我就是人生大赢家。话是这么说，就她那样教养孩子的方式，孩子能健康成长？

有一次，我们去苏州跑客户，因为第二天是周末，领导允许我们带上孩子，还贴心地让我们带上一位退休返聘的阿姨，让她星期五那天留在宾馆照顾我们的两个孩子。

领导这么体贴，我们工作起来格外卖力，谈妥工作以后，对方倒是邀请我们吃晚饭的，一方面是累得没有胃口，另一方面也是牵记着宾馆里的孩子们，我们谢绝了饭局赶回宾馆。

阿姨离开我们的房间后,我同事吩咐玩得正酣的她的儿子:"去,给妈妈找一口吃的,我饿坏了。"她儿子听话地停下游戏。我大惊失色:"你怎么能让一个小孩去给你买吃的?"

她说:"在家都这样啊。"

我愣了片刻:"这儿不是你家呀,人生地不熟的。"

听我这么一说,她赶紧出房门将已在电梯口的儿子追了回来,并连连谢我:"大意了,大意了。"

我于是知道,与孩子的爸爸离婚以后,她把11岁的儿子当大人与他交流了一次,总的意思是,从此我们的生活里没有爸爸了,那也就意味着从前家里由爸爸负责的一些事情,必须由他来承担了。"11岁的孩子能干什么?"我表示怀疑。她笑着摇摇头回答我:"那是我们低估了孩子的能力。"

我还就不相信,一个11岁的孩子能代替爸爸做些什么,便追问:"那你都要求他做什么了?"

"从准备两个人的早饭开始。"

我又一愣。我家的早餐都是我准备,就不说了。我家的11岁男孩每天起床都需要我一次次地喊叫，所以我问她："你儿子欣然接受了准备早饭的任务？"

"怎么可能？可是我告诉他，妈妈必须上班挣两个人的生活费，所以妈妈在单位会非常努力地工作，那样的话，每天下班后会觉得很累。尽管如此，妈妈每天还在换着花样准备两个人的晚餐，因为那是你做不了的。早饭就不一样了，你无非是把牛奶呀豆浆呀面包呀放进微波炉里热一热，妈妈相信这些你都能做得很好。你接受了这个任务，妈妈每天就能多睡10分钟啦。"

我懂了，于是调侃道："你哪里是要多睡10分钟！"

她笑了："是呀。我就是想培养他的能力。像我们这样的单亲家庭，又没有长辈来帮忙，我就失去了溺爱他的资本。不过我告诉你，起先他做的早饭就是将我事先准备好的包子面包热一热。人家现在12岁了，周末为了让我多睡一会儿，会特意早起跑到我家小区隔壁的早点铺子给我买我最爱吃的油条、咸豆浆。噢，人家现在荷包蛋也煎得蛮像样的。"

想到与她儿子同龄的我的儿子，每天早上我必须吼三遍他才能起床，我不无酸涩地提醒她："今天……"

她由衷地拉住我的手："今天我疏忽了，幸亏你提醒我。"她放下我的手过去搂紧儿子，"哎呀，妈妈是习惯成自然，谁让我儿子这么会照顾妈妈呢。"

从替妈妈准备早饭开始，她儿子变得非常独立。初中毕业要考高中，她建议儿子选择S中学，但孩子自己的方向是F中学。"F中学的授课更自由、更开放，不像S中学总是围着高考打转。我觉得F中学更适合我，我喜欢自由、开放的学习氛围，一方面可以看看没有老师督促我是否能管理好自己；另外，我不想将太多的时间用在应付高考上。我想抓紧时间多学一点东西，F大学就在F中学对面。"她一听，儿子说得头头是道，也就尊重了他的意见。

F中学毕业以后，她儿子如愿地进入了F大学的数学专业。我们都很诧异，那孩子那么好的成绩，为什么不读国际金融而要去读什么数学？"我儿子说，数学是金融学的基础。"不无道理，想必那孩子憋着心思要考研究生的吧。

谁都这么想，但这孩子大学毕业以后去了四大会计师事务所中的一所上班了。这一回,她也急了,直截了当地告诉儿子:"你必须读研究生。男孩子,研究生毕业是必须的。"那孩子说:"妈妈,将来我会有那一张硕士甚至博士学位证书让你为我骄傲的,可是眼下我要先挣钱,我不想让妈妈这么辛苦地工作了。"一席话,说得做妈妈的她泪眼婆娑。

那孩子果然在事务所干了5年以后考上了哈佛商学院。在哈佛,他又认识了一个跟他一样出色的女孩。她只见了准儿媳一面,就忍不住鼓动儿子:"早一点结婚吧,省得被比你更优秀的男人拐走了。"男孩笑了,笑得那么灿烂:"我们是打算结婚,就在明年春天。"此刻,上海已是深秋季节,一听儿子说半年以后要结婚,她前所未有地慌张起来,说:"我还什么都没有准备,拿什么给你结婚?"那个11岁就开始给妈妈准备早餐的男孩朗声大笑道:"你什么也不需要准备,到时候来婚礼现场就可以了。"

在西郊宾馆举行的婚礼,我去参加了。她儿子和媳妇真是一对璧人,幸福得她乱了方寸,悄声对儿子说:"从

今以后,妈妈要一个人孤独度日了。"那孩子看一眼新婚的太太后,对妈妈说:"你什么时候需要我,我都会来到你身边。"她一听,激动得啜泣起来:"我就想你是妈妈永远可以依靠的肩膀。妈妈如愿了。"

议一议

她儿子已经成为被人们广泛口头传诵的励志故事的主角,且已经走出了我们单位,走向了无边无垠的微信朋友圈。人们在赞叹这个孩子优秀得让普通孩子追赶不上的同时,一有机会就追问她:"你是怎么培养他的?"这个时候,她就会反问:"你们舍得让11岁的孩子分担他力所能及的家事吗?"

那是,她怎么可能会因为贪睡10分钟而将准备两个人早餐的任务强行地分配给儿子?她是在有意地培养孩子的能力呀。没准,儿子第一天比她早起进厨房加热牛奶和面包时,她就躲在暗处默默观察,一旦有险情出现就一个箭步冲出去。

首先,做一份详尽的计划,告诉自己一个男孩在各个年龄阶段可以承担什么样的家庭责任，认定以后就毫不犹豫地要求孩子为一家人准备早餐，为自己的未来做规划，为自己的决定负责任……

其次，付出比自己亲自动手更多的心力，不动声色地观察，随时做好补台的准备。她虽然从来没告诉过我们，在她儿子看似一帆风顺的成长道路上有没有补过台，我想，那是必不可少的。谁家的孩子没有犯过糊涂？我隐约听说，她儿子高二时早恋过。她完美地与儿子合作处理好了这件事，其中的付出是我们难以想象的。

现在，她已经将儿子彻底放手给了儿媳妇，她的说法是，终于可以过自己一个人没有牵挂的日子了，要好好享受。我倒是觉得，像她这样在儿子有了自己的家庭生活后，远远地欣赏而不是强硬地介入，是更高级地不溺爱和不放纵孩子。

故事 2

母鸡的翅膀到底有多柔软

今年是 Y 君的本命年，48 岁。Y 君的儿子才 14 岁，以母子二人年龄的差距我们多少能揣测出 Y 君得子有多么不易。除了赶上插队落户的末班车外，在这个儿子之前，Y 君曾经孕育过一对双胞胎女儿。30 出头才开始找寻到自己理想的 Y 君孕期都拼命地工作，结果，双胞胎女儿胎死腹中——那时候她们都已经 7 个月了。

儿子出生后不久，家里人发现小家伙的一只眼睛有点问题，是斜的。谁不希望自己的儿子是世界上最棒的那一个？Y 君托熟人找医生，医生说他们可以用按摩的方式试试，但结果不一定乐观。听了此言，Y 君抱着熟睡的儿子在医院的走廊里徘徊，大约一个小时之后，在丈夫的坚持下，Y君选择了治疗。才4个月的孩子哪里懂得世上还有"疼痛"二字，就更不用说忍着了。医生那细腻的、冰凉的手指才搭上孩子的眼睛，孩子就撕心裂肺地嚎哭起来。凡事总是犹豫不决的Y君此时果断地冲进诊室，母鸡护雏般地从医生的手指底下抢回儿子，眼泪刷刷地流了下来。

丈夫说你得忍着，不然，错过了治疗期，儿子将终身斜眼。

Y君的眼泪流得更多了："儿子不是你的亲儿子呵，这么狠心，你没听见儿子的哭声吗？"

从此，Y君对儿子的溺爱除了因为得来不易外，还因为儿子的眼睛有点斜，她认为儿子应该比别的孩子得到更多的爱。

儿子四五岁的时候，丈夫公干长驻国外，三年间Y君到哪里都必须带着儿子，否则谁的面子也不给，哪怕得罪自己单位的领导。

那一年，儿子上幼儿园大班，单位去无锡开总结大会，Y君照例带上了儿子。正是秋末冬初的季节，小孩最容易生病。Y君的儿子未能幸免，感冒了。所以，去无锡的这一路上，Y君的儿子挺乖的，只是睡觉。到了无锡，已是午餐时间，Y君的儿子随他妈妈上了餐桌。他那愈发明显的斜眼往餐桌上那么滴溜溜地一转，提出要喝雪碧。Y君劝道，你咳嗽着，不能喝。儿子倒也听话，不嚷嚷要喝雪碧了，但也一口东西都不吃。对同桌同事投来的诧异目光，Y君解释："我们上午刚吃过抗生素，胃口不好。"

吃完饭，大家都回房休息了，准备精神饱满地参加下午的会议。起先，Y君的儿子好好地跟在妈妈的身后，等到要上电梯了，Y君发现儿子没有跟上来，就回头去叫。可是，儿子斜斜地盯着她说："我要喝雪碧！"

Y君好言相劝："你咳嗽了，喝了雪碧会咳得更厉害的。"

她儿子突然放大音量："我就是要喝雪碧！"

正好单位的领导路过，Y君觉得抹不开面子了，伸手就去拽儿子："小鬼，越大越不听话了。"谁知儿子更绝，双臂一圈死死地抱住一根柱子。小小年纪，力气倒不小，任Y君怎么拽，都无法拉走他。

单位领导平时管惯人了，上前一步说："小朋友，听大妈妈话，现在就不喝雪碧了，等睡好了觉，咳嗽就一定好了。晚上大妈妈给你买一大瓶雪碧，大妈妈说话向来是算数的。"

Y君的儿子一瞪领导："我要喝雪碧。"

领导碰了一鼻子灰，进也不是退也不是，这让Y君太下不来台了，她使出浑身的劲上去拽儿子，哪里拽得下来？儿子像是长在了柱子上，这还不算，还嚎啕大哭起来，哭得宾馆服务员上来对Y君说："小姐，这样要影响客人休息的。"无奈，Y君只好去宾馆小卖部买了一瓶雪碧。一接过雪碧，儿子糊了一脸的眼泪顿时干了，笑眯眯地拧开盖子喝了起来。

Y君曾戏言生了儿子等于给自己找了个搏斗的对象。这一回的搏斗，Y君明显落在了下风。

Y君肯定有占上风的时候，可是我们没见识过，Y君斗不过儿子的例子我们倒可以举出好几个。

那年寒假，单位组织大家去韩国旅游，Y君照例带上了儿子。不巧的是这个儿子又病了，去韩国的船上，我们一直在领教着Y君要求儿子吃药的过程，每一次娘儿两个总是要推搡个把小时，药是不是就吃到Y君儿子的肚子里，还不一定，惹得单位里几个尚未婚嫁的女孩躲到甲板上愤恨地说："那是我的儿子，我早就一个巴掌甩上去了。"

还是发生在寒假里的事情，单位组织到海参崴旅游。俄罗斯的望远镜做得好，似乎是举世闻名的，Y君当然给儿子买了个最棒的。因为当天夜晚要过境，Y君早早地将行李打包，准备出发。就在这个时候，儿子提出要玩望远镜。Y君说已经打包了，回家再玩吧。儿子一言不发地在他妈妈身边站了一会儿，Y君以为自己已经说服了儿子，就只管跟同事聊天。这时候，儿子一个箭步冲进卫生间，"砰"的一声撞上门，大喊："不给我望远镜，谁也不要上厕所！"……

现在，Y君的儿子已经初三了。在单位里，只要谁跟Y君提起她儿子，Y君就会苦涩地笑着告诉你："我儿子已经不要读书了，他放学回家书包都不打开，第二天拿了书包就上学去了。"如果你还有兴趣的话，Y君会告诉你，她儿子在才搬迁进去的新居雪白的墙壁上，用血红的颜料写下了这样的文字："我不是我，我只是他们的儿子！我已经站在了死亡的门槛外，死亡不可怕，可是我有些害怕。"敢于用这样的方式跟父母示威的孩子，放到谁家谁都不敢造次，所以，原本主张严加管教的Y君的丈夫只好偃旗息鼓，恨恨地对Y君说："正好，让你实施你愉快教育的主张。我反正已经想好了，他18岁一到，我就给他买一辆黄鱼车，让他去马路上卖黄鱼。"Y君没敢跟丈夫争辩，但是，她始终认为自己愉快教育的主张没有问题，只是自己儿子的青春期叛逆表现得特别激烈，只要有高人指点一下，就像《大宅门》里的白景琦，经高人一指点，不就非凡了吗？单位里有个女同事的丈夫是国内颇有名气的学者，Y君就跑去跟女同事说了这层意思，女同事半真半假地告诉Y君："要我老公管？先把你儿子捆起来狠狠地揍一顿。"Y君嘴里说着好呀好呀，脸已经涨得通红了。

明眼人都看清了，Y君儿子身上出现的诸多问题全是

因为Y君的溺爱。可是Y君就是相信自己那双母鸡的翅膀柔软得足以化解儿子身上所有的问题。她在等待，等待自己翅膀的温度再升一点，升到她儿子满意的温度。

议一议

一个没有新意的妈妈过度溺爱和放纵儿子一事无成的故事。从这个非常套路的故事里，我们至少可以得到三点启发。

一是，孩子的成长过程中既不能缺少妈妈的陪伴，爸爸也不能缺席。在这个大一统的世界里，从中国到地球那一头的美国，十多小时的飞行就可以抵达了，这让夫妻两地分居不再是一件难以忍受的事情。于是，不少夫妻为了一方的上升空间或者更优厚的待遇接受了两地分居的生活模式。奉劝处于这种婚姻模式的年轻夫妻去问一问，父亲或者母亲在其成长过程中缺席会带给孩子什么样的心理阴影。相信，得到答案后大家会觉得，上升空间或者优厚的待遇与让孩子健康成长相比，都算不得什么。

二是，补偿心理万万要不得。这其实是两地分居生活带来的后果。独自一人带着孩子的妈妈，总是情不自禁地怀揣着一份沉甸甸的歉意。无法让爸爸陪伴的问题，她们多半会采用无止境的物质补偿来弥补这一缺陷。殊不知，从心理学角度而言，用物质来填塞精神空洞的做法，只能让孩子愈发觉得自己是被亏欠了的，更善于察言观色的孩子会在各种无理要求的道路上越走越远。

三是，如果爸爸缺席孩子的成长过程这一问题实在没有妥善解决的办法，建议妈妈们向故事1中的妈妈学习，收敛起自己貌似柔软的翅膀，让孩子与自己一起栉风沐雨。故事1的结局告诉我们，看似缺少菩萨心肠的养育，只要方法得当，会更有利于孩子的成长。

CHAPTER 04 第四章

不做与时代脱节的妈妈

妈妈是一个需要知识更新永远在线的岗位。"知道了，就是说我们要学懂孩子们课堂里的那些知识，以便辅导他们的回家作业"，能够有这种想法的妈妈，已经意识到了停滞不前不属于妈妈辞典里的一个词。可是，我们这里所说的知识更新，要比能辅导孩子家庭作业更丰富。

比如，我们做学生的时候，世上还没有互联网这玩意儿。假如今天做妈妈的还不能在网上扑腾，怎么跟孩子做朋友？

比如，我们做学生的时候，外面的世界远不如今天这么精彩。假如我们的认知还停留在那个时候，怎么回应孩子的话题？

比如，我们做学生的时候，明星是银幕上屏幕里只能膜拜没法面对面的榜样。假如今天的妈妈不懂得"粉丝"是一种什么样的族群，又怎么能理解孩子在"爱豆"这个问题上的认知？

所以，做一个与时代不脱节的妈妈，是一个合格妈妈的起点。

第四章 不做与时代脱节的妈妈

故事 1

为什么我不能有自己的孩子？

夏天的晚上,不愿意有人来访,图凉快,一家人穿戴得很不整齐。敲门的声音响起来,大家免不了要手忙脚乱。

怕什么,就来什么。从猫眼里一窥视,见是她,真后悔刚才情不自禁地应了一句"谁呀"。事到如今,只有打开家门。

把她让进家来,替她泡上一杯酽酽的浓茶——哪怕是赤日炎炎的夏天,她都好一口浓茶,不然,她怎么会认识一个卖茶叶的安徽人呢?

算起来她今年也有50岁了,和丈夫两个相依为命也已20年了。20年来,她一直就想要一个自己的孩子,但是由于丈夫的缘故,她想要一个自己的孩子永远只能是梦。为这,丈夫把她当作手心里的宝贝。于是,她不忍心在丈夫面前流露出一点点没孩子而倍感难耐的寂寞。

40岁的时候,她们单位改制。她这个年龄的人拿上一点遣散费回家了。就这样,丈夫还当她宝贝,说不过就是少吃荤菜多吃青菜的事情。话是这么说,家里就靠丈夫不多的工资过日子,到底难。所以,街道里招聘送奶工,她二话没说就干上了。苦呵,每天清晨4点钟就得起床,夏天还好说,冬天,凛冽的寒风刮得她站都站不住,但是,五六百块钱一个月呢。浓茶,就是在那个时候开始喝上的。

农贸市场里安徽人开了一家茶叶铺子,她想应该比外边的便宜,就去那里询价。果然,买茶叶的时候,见他们家才两三岁大的小姑娘满地爬,爬得两只小手墨黑墨黑的,她心里真舍不得,就埋怨人家:"你们怎么这样带孩子?"

往来了几次后,彼此熟了,知道那孩子每天晚上就跟她爸爸妈妈挤在搭在柜台上的床板上睡觉,竟抹起了眼泪:"太可怜了,这孩子。"

话说到这个分上,孩子的妈妈跟她商量:"要不,你帮我带孩子,我帮你送奶?"

她惊得一下子收住眼泪,"真的?"她简直不相信自己的耳朵。

那孩子也是跟她有缘。快3岁的孩子,照理应该是要认自己妈妈的。可是,跟她回家的头一个晚上,就乖巧得她让干什么就干什么,甚至睡觉的时候都没说要找妈妈,这让她越发喜欢这个小姑娘。从此,这小姑娘成了她的小尾巴:去超市,小姑娘就坐在手推车里;回娘家,小姑娘就拽着她的衣角;去逛街,小姑娘嘴里嚼着零食走在她的前面;去亲戚家,小姑娘就坐在她的腿上吃人家特意为她准备的好饭菜……她姓洪,所以认识她的人都管这孩子叫洪宝。

是不是所有的小孩子都是这样的?谁是她的亲爹亲妈倒无关紧要,要紧的是谁愿意把时间给她,或者,谁给她的呵护多?反正,"洪宝"亲她胜过了自己的亲妈。原本,每个周末她都要回茶叶铺子的。很快，再让她回茶叶铺子，她就有点不情不愿了。于是，她就跟"洪宝"的爸爸妈妈商量，周末就不要让"洪宝"回家了，她也不跟他们多要钱。"洪宝"的爸爸妈妈想都没想什么就答应了。

快乐的日子总是不经过，转眼，"洪宝"到她家已经3年了。"洪宝"6岁了，要上学了。"洪宝"的爸爸妈妈是从安徽到上海来打工的外来务工人员，"洪宝"没有上海户口，就不能上上海人眼里的好学校。

她很着急，是不是三年来与"洪宝"的耳鬓厮磨让她模糊了一个概念，就是"洪宝"不是她领回家的女儿，"洪宝"只是她帮人家带的人家的女儿？她真的为了"洪宝"上学的事情着急上火，一次次地去茶叶铺子跟"洪宝"的爸爸妈妈商量。商量来商量去，"洪宝"的爸爸妈妈接受了她的主意，就是她去办个收养手续，把"洪宝"正式收养了，这样，"洪宝"不就可以上上海人眼里的好学校了吗？当然，他们也再三商定这只是为了让"洪宝"上好学校，"洪宝"还是他们的女儿，她只是帮他们带女儿。

可是，领养一个孩子不是说做就能做的，只有做起来才知道千难万难，尤其像她这样没钱没势的人。势这个东西，不是说有就能有的。当然，钱这东西也不是说有就有的，但她能够挪动一点。说是一点，对她家而言，就是很多了。可是为了"洪宝"，她不舍得花的钱都花了，结果，她如愿以偿。"洪宝"上学用的新书包都准备好了，就等着9月1日了，事情却起了急转而下的变化。她记得，她想忘记都不能够，那天是8月22日。因为不是双休日，她开了门见门外站的是"洪宝"的爸爸妈妈时，她还诧异呢。

"我们是来接女儿的。"

"带她出去玩呀。"她边招呼着"洪宝"边照应他们夫妇："今天生意不好啊？"

他们夫妇面面相觑了一会儿，像是下定了决心："我们是想把孩子接回家自己带了。"

她这才明白是怎么回事，但是她不敢相信，就问他们："再过几天孩子就要上学了，你们把她接回茶叶铺子，多不方便。"

第四章 不做与时代脱节的妈妈

"我们把这里的茶叶铺子退了,我们另外找了地方,我们为孩子找了另外一所学校。"

"可是,我们说好的让孩子在我这里上学。"直到现在,她都不会在他们面前管孩子叫"洪宝"。

"可是,我们也讲好的,孩子终归是我们女儿。"

她无话可说。她可以蛮不讲理,反正孩子的领养手续一应俱全,可是,三年来"洪宝"的聪明乖巧已经彻底俘获了她,她怎么舍得让孩子难过?但6岁的孩子已经一知半解了,她紧紧地抱住她的腿,哭得撕心裂肺……

我在她已经喝淡了的茶里又续上滚热的水,抑或是水汽氤氲的缘故,她的眼睛泪汪汪的:"他们走时要给我钱,说是弥补一下我。笑话,我是为钱才那么真心实意地对'洪宝'的吗?他们在我的心里挖了一个大窟窿,拿什么都补不上了。"顿了顿,又说:"我好不容易打听到他们的下落,去了,躲到一旁偷偷地看了看'洪宝',他们根本没让孩子上学,你说他们到底是为了什么?"

为了什么?你不会不知道吧!我心里这么想着。她大概也为自己问题问得尴尬而不好意思,羞赧一笑,说要走。我送她上电梯,盯着她走在我前面的背影,仿佛看见了一句话:为什么我不能有自己的孩子?

世事就是这么不公平,谁也没有办法。

议一议

40岁那一年,从单位彻底退回到家庭,她与社会的连接仅剩下了送牛奶和去菜市场买菜。她跟不上日新月异的社会节奏,也就是情理之中的事了。

在她小的时候,这个社会里的人们还是重承诺的,哪怕是口头契约。星移斗转,她不怎么关心的社会的某个角落,已经变成了合同都可以一时性起就能撕毁的丑陋模样,何况口头约定!

听她倾诉"洪宝"得而复失的过程,我一直替她捏着一把汗:假如在她替安徽人照看孩子的过程中,孩子摔了病了并产生了后果,抑或我们设想得残酷一点,她带着"洪宝"外出时遭遇了车祸,她得承担什么样的法律责任?想必她脑子里根本没有法律意识,所以,最终没能成为"洪宝"的养母。

亲妈和待"洪宝"如同己出的她一拍两散，会给"洪宝"造成什么样的身心伤害？我们以后探讨。在这里，我们想用更多的篇幅跟妈妈们沟通，作为孩子的监护人，我们与孩子的社会关系之间都有哪些法律契约。

十月怀胎、孩子出生、孩子上幼儿园、孩子上小学、孩子上初中、孩子上高中……直到孩子18岁成为有完全行为能力的中华人民共和国公民之前，孩子与任何一种社会关系之间，妈妈都是纽带。身为纽带，就应该明确自己肩负的责任和义务，以此保障孩子能够健康成长。我们说，妈妈不能与时代脱节，很大程度所指即此。妈妈是一个自然职务，一个健康的女人结婚并生育了孩子，这个女人就是妈妈；妈妈又是一个内涵特别丰富的社会角色，尤其在这个知识更新越来越快的时代里做一个妈妈，不断学习是每一个想要成为合格妈妈的女人的必选项目。

故事 2
我妈妈是名牌大学毕业生？

第四章 不做与时代脱节的妈妈

6点15分，米娅床头的闹钟唱起了《培尔·金特》里的《晨曲》。那是妈妈为米娅设定的闹钟铃声。铃声不是这款闹钟自带的，而是妈妈费了很大的劲儿录制进去的。在米娅看来，妈妈费劲弄这些东西，一点意义都没有。闹钟自带铃声，鸟叫、风吹树林、潺潺流水等自然之声，都很好听。第二遍《晨曲》奏响，米娅依然不急着起床，她在等着妈妈来叫她。如果这点事都不让妈妈做，米娅都不知道她还能做什么。

米娅的记忆从她4岁时开始清晰的，从那时起，米娅的妈妈就不去上班了。每天早上送米娅去幼儿园，下午接米娅回家，几乎就成了那个时段妈妈的全部工作。起先，米娅很得意，班级里的小朋友都是爷爷奶奶、外公外婆或者家里的保姆接送的，唯有米娅是个例外。大约上到小学3年级，米娅意识到，自己享受的独一无二的待遇，被有些同学妈妈看不上呢。黄咪咪的妈妈有一次明知故问："米娅，你妈妈不上班，整天待在家里不闲得发慌吗？"原来做了妈妈也可以去上班的呀？那天见到妈妈以后，回家的路上米娅就问："别人家的妈妈都上班，为什么你不需要上班？"妈妈回答："你爸爸能干嘛，赚的钱多，不需要妈妈上班了。"当时，米娅很满意妈妈的答案，回到家里一想不对，黄咪咪的爸爸开着很高级的汽车，黄咪咪的妈妈不还是在上班吗？就又去问妈妈："黄咪咪的爸爸也很能干，黄咪咪的妈妈为什么还要去上班？"巧的是，那天外婆外公来家里给米娅送她最喜欢吃的外婆包的豆沙粽子，听米娅这么一问，外公当时就发飙了，指着米娅的妈妈呵斥："晓娟，我是怎么跟你说的？你不能这样不求上进地待在家里。言传身教，言传身教你懂吗？你这样整天在家里虚度光阴，怎么教育米娅好好学习？"

米娅妈妈笑了："老爸，"她喊米娅的外公，"我是伦敦政经的毕业生哎，我手里捏着伦敦政经的毕业证书，还不能教育米娅？笑话！"

一听伦敦政经这4个字，米娅的外公更是气不打一处来，更加大声地呵斥："我真是钞票没地方花了，听了你的花言巧语，几乎拿出毕生的积蓄供你去读那么贵的学校。你倒是好好上班呀，把学费赚回来。你倒好，生了米娅就不出去工作了。那我问你，你还去那么远的地方读大学做什么？"

米娅这才知道，原来妈妈不去上班从肚子里有她就开始了。她刚想向妈妈求证，却听妈妈嬉皮笑脸地解释："老爸，你真是搞笑。我不去伦敦政经，能碰得到米娅的爸爸吗？"说着，她转头对米娅说，"我告诉你米娅，小姑娘嘛，只要智商足够，一定要好好读书，考上一所好大学。你想想，那些民办大学的男生怎么能跟复旦、交大的男生比？当然，复旦、交大的男生又比不过伦敦政经的。"

外公声音比刚才小了一些，气却还没有完全消掉，说："米娅的爸爸赚钱是多，也不能是你不去上班的理由。"

米娅妈妈笑了，右手搭在外公的肩头解释："老爸，

我出去上班赚的钱还不如米娅爸爸缴出去的个调税呢,我去受那个累做什么?"

"实现个人价值!"

米娅妈妈收回的右手捂着胸口:"哎哟,老爸,去公司看老板的脸色,就是实现自我价值?"

见外公又要发火,米娅外婆插话了:"老头子,你去管他们的事情做什么?只要女婿没有意见,你不要去管他们的事情。"

外公看着米娅,又是一通嘀咕。那一通嘀咕,米娅当时听不懂,却把米娅妈妈说得咯咯大笑起来,"老爸,你就放心吧。我要好好经营与米娅爸爸的关系,这才是我最应该上的班。"

现在,等着妈妈来叫醒的米娅,懂得外公当年的担心了。米娅心想,爸爸没有像那些肥皂剧里演的那样在外面找小三,并不是妈妈经营得好,而是爸爸是一个高尚的人。"米娅,快起来,再不起来就要来不及了。"米娅坐起来瞟一眼蓬头垢面的妈妈,暗中丢了一个鄙夷的眼神给妈妈。她知道,等到她出门上学去了,等到爸爸出门上班去了，妈妈连早饭都懒得吃，去睡个回笼觉。这一觉通常会睡到日上竿头，自然醒的妈妈才会心满意足地吃几口午饭，然后出门找个地方练瑜伽、做SPA、喝下午茶……这就算是在经营与爸爸的婚姻？

今天爸爸有空，就开车送米娅去学校。汽车开出小区后，米娅侧脸看看爸爸，爸爸敏感道："有事吗？女儿。"米娅想起黄咪咪告诉她的事情，她爸爸要跟她妈妈离婚，"我很痛苦"，黄咪咪面露凄惨。听了黄咪咪的话，米娅忐忑得不得了，怕有一天爸爸也跟不求上进的妈妈离婚。"黄咪咪，爸爸你知道吗？"

爸爸想了想，答："不是你同学吗？"

米娅点点头："她的爸爸妈妈要离婚了，黄咪咪说她很痛苦。"

爸爸扶着方向盘的右手轻轻一哆嗦，被米娅用眼梢瞄到了。"我会告诉妈妈，黄咪咪的爸爸妈妈要离婚了。"

爸爸像是马上就明白了米娅的画外音，笑了。一抹晨光涂抹在爸爸的脸上，米娅觉得爸爸帅极了。

那天放学回家，见妈妈已经在家，米娅由衷地开心，告诉妈妈:"鲍勃·迪伦得诺贝尔文学奖了。"

妈妈一头雾水地看着女儿:你跟我讲这些做什么?

"网上争议很大。"

"为什么?"

"鲍勃·迪伦呀。话说,你这个年纪应该知道他。"

"我这个年纪就为什么要知道他?"

"是你年轻时很红的美国摇滚歌手呀。"

妈妈撇撇嘴:"女儿,我又不是学文科的。"

网上都炒成一锅粥了,关于鲍勃·迪伦的诺贝尔文学奖,跟你不是学的文科有什么关系?忍无可忍的米娅终于发难了:"不是我说你,妈妈,你说你是名牌大学毕业生,说给我们同学听,人家都不相信。"

米娅的妈妈一愣,转而又嬉笑开了:"他们不相信,我也是伦敦政经毕业的呀。"

完了,米娅心里一冷:我妈妈都听不出我话里的意思了。我想说的是,你现在这副样子,已经枉担了名牌大学毕业生之名。米娅一狠心,说:"黄咪咪的爸爸要跟她妈妈离婚了。"

妈妈还是笑着，不过眼睛里有泪花了。"米娅，"妈妈对米娅说，"你的意思妈妈知道，妈妈毕竟是名牌大学毕业生嘛。"她又笑笑："离开书本那么长时间了，妈妈发现自己已经很难学进去新的东西……"

米娅嗓子眼一紧，片刻，她走过去投进妈妈的怀里："妈妈，我们一起学嘛。"

议一议

虚构的好处是，我们可以将一个残酷的故事说得柔和一点。

米娅和她妈妈是青春期遇到了更年期，生活中她们怎么可能如故事中所说的那样，米娅那么善解人意，米娅的妈妈那么乐于采纳女儿的建议！生活当中，多半是这样的：随着米娅进入到初二年级，无所事事的米娅妈妈在女儿心目中的地位越来越堪忧。这些全职妈妈们打着全心全意为孩子的旗号，任性地放纵自己。有的将自己长进的范围仅限于阅读菜谱和浏览某宝；有的丈夫收入足够丰厚的全职妈妈，家里的柴米油盐酱醋茶等一应事务全都交给了保姆，只会用无聊来打发自己的时光。她们忘了自己孩提时为能进一所名牌大学所付出的努力,不懂珍惜地让名牌大学的毕业证书变成了一张废纸。她们认为只要管好孩子还有丈夫的衣食住行,或者只要吩咐保姆管好自己家人的一日三餐和四季衣橱,就完成了自己作为母亲和妻子的全部职责。

米娅和她妈妈的故事告诉我们,孩子对妈妈的要求没有低到只要妈妈照顾好他们的胃和身上的冷暖就可以了。他们希望自己的妈妈能够和他们一起,跟上时代前进的步伐。

所以,我们的建议是:

我们可以放弃在名牌大学里所学的专业,却不能放弃名牌大学教会我们的学习方法;

我们可以放弃到职场去打拼的机会,却不能放弃与不断进步的社会相融合;

我们可以放弃跟他人争一日之长短的心气,却不能在孩子面前丢盔弃甲。

用名牌大学里学到的学习方法不断更新自己的认知,时刻与社会同步前进,这样昂首挺胸的全职妈妈,才是米娅他们乐于和谐相处的不与时代脱节的妈妈。

CHAPTER 05 第五章

不一样的言传不一样的结果

除非是聋哑人这样的特殊家庭，家庭成员之间的言语交流，是一家人相处的必备"工具"。所以，我们说父母对孩子的言传身教非常重要，其中言传占了半壁江山。一般而言，我们理解言传身教中的"言传"，是父母怎样和用什么样的话语来教育孩子。

我们这里所说的"言传"，无限扩大了它的范畴。孩子幼小的时候，我们牵着他们的小手外出，与邻居，与小商小贩，与不小心跟我们起了冲突的路人之间的对话，是一种言传；与喜欢的和不喜欢的人进行的对话，是一种言传；与孩子的爷爷奶奶、外公外婆的对话，是一种言传；与丈夫对话，就更是一种言传了。

带着孩子出门在外的妈妈们，通常会谨言慎行，她们通常能意识到自己应该给孩子做个好榜样。可关起门来，有的妈妈就不那么在意了，她们总觉得亲人之间不需要客套。殊不知，亲人间的恶语相向会给孩子带去终身的影响。

故事 1
怎么就撒手了呢？

第五章　不一样的言传不一样的结果

我当教师的时间不长，前后加起来大约五年。也许我教的是一班特殊的学生？这五年里我遇到了各式各样的人和事。我在想大概这五年自己把教师这一职业可能遇上的人和事都遇上了，不然，教师的人生也太丰富了。

我教的是师范班，他们已经初中毕业，在我们学校培训三年后将去小学当老师。我接手这个班时他们已经二年级了，李离已经是他们的班长了。没有见到她的时候，我就对李离颇有好感。在一大群叫英、芳、珍的女孩子中，李离的名字显得那么脱俗、清丽，一定有一对不一般的父母。后来，见到了李离，还真与她的名字和谐，小小的个

子，眉清目秀的，皮肤有些黑，但不影响她是个清秀的女孩子。我一下子就喜欢上了她。更让我喜欢的是，别看她个子很小，班里的几个调皮男孩就是服气她，这让我这个大不了他们几岁的班主任省心省力了不少。

谁能想到呢，就是这个曾经让我备感省心省力的班长，在我的教师生涯中横亘了一块迈不过去的石头。

那是半年以后的事了，我记得是寒风凛冽的冬天，而我走出大学校园去当这个教师，是在炎热的夏季。那天，我有两节语文课，本来是上午一节下午一节的，数学老师下午要到区里参加教研活动，就把我的语文课都调到了下午。才当老师，不知道怎么合理地用嗓子，第二节课上到后半段，我已经声嘶力竭了，所以，回到办公室只想休息休息，谁知，李离的妈妈已经等在办公室里了。

我感到错愕，我没有想到我想象中应该不一般的李离妈妈居然如此苍老，还有她的那身打扮差不多就是菜场里卖蔬菜的大妈。还让我错愕的，是我想不出来李离犯下了什么错要让她妈妈跑到学校来找我。

我太年轻了，但这没有妨碍我从李离妈妈的脸上读到重重心事。我找了个杯子，为她倒了一杯热腾腾的水放在她的面前，然后静静地等着。她只是一味地喝水，尽管那水烫得她嘴里发出咝咝的响声。我突然明白她不想在办公室里这么多人面前说事，可是，我到哪里去给她找一个安静的房间？也许可以找一个安静的角落，对，我就这么做了。李离的妈妈在那个安静的角落一坐下，就一把攥住我的手告诉我李离已经一个星期没有回家了。我惊慌得不得了，20世纪80年代，一个十六七岁的女孩子一个星期没有回家，是一件严重得足以让人惊慌失措的大事，这样的事情怎么可能发生在好女孩李离身上？我的第一个反应就是把李离叫过来问个究竟，但是她妈妈不让。她妈妈让我转告李离回家吧，回家了什么事情都可以解决的。说罢，像是怕被李离撞上似的，她匆匆走了。

多年以后，回想这件事情，我真是太傻了，我为什么不向李离的妈妈问个究竟？谁让我是个才当了半年的教师！我让学生把李离叫来，问她为什么不回家。小个子身体内的执拗在李离身上充分显现，她不告诉我为什么不回家，也不答应我马上就回家，就这么一声不吭地站在我面前，叫我无可奈何。万般无奈之下，我轻率地挥手让李离一定要回家。

第二天一到学校，我就去教室。看到李离，我心里的一块石头落了地，随后就把她叫出来，问她回家了吗？她还是不吭声，这真叫我无奈呵，就又冲她挥挥手。

我是不想过问这事的，但是又觉得不管不行，可又不知道怎么管才好，只好每天走程序似的看到李离就问她回家了吗，回家好吗？这样的话说到第四天，李离的死党朱文跑来央求我，说老师你不要再对李离说那样的话了。"嘿，我把你们当朋友，你们还真不把我当老师了。她为什么不回家？"朱文顾左右而言他："她住在我家里。"一听这话，我到底放了点心，但是我不依不饶："我问的是她为什么不回家！""老师……""你不能告诉我，是吧？那你怎么能要求我不去过问李离不回家的事？我到底还是你们的老师嘛。"朱文被我逼得大概觉得不说是不行了，带着哭腔要我听了以后不要告诉别人，也不要跟李离对质。得看什么事！我心里这么想着，但是为从朱文这里得到答案，我点了点头。我听到什么了？我听到的事情对我那样年龄的人来说是晴天霹雳。朱文告诉我，是因为李离的爸爸对她不规矩她才不回家的。"这事我们可不敢瞎说。"这是我的第一个反应。朱文被我这么一急，眼泪都出来了，说老师这种事情我们怎么敢瞎说！尽管我答应了朱文要保密的，但是这个秘密我敢藏着掖着吗？可是又本能地觉得这事不能轻易汇报到学校，谁知道朱文说的是真是假，要汇报我得把朱文的话落实了。可是找谁落实呢？这事儿折腾得我很长一段时间吃饭睡觉都不香，趁着年轻敢冲动，一个电话把李离的爸爸叫到了学校。

仅从外表看，我真的不敢相信李离的妈妈和爸爸是夫妻。李离的爸爸个子很高，我一米六八的身高还得稍稍抬头才能对上他的眼睛。个子高高的李离的爸爸儒雅、温和……反正，那时候我心里关于一个男人的赞美之词放到李离爸爸的头上都不过分，所以，我还没对他说话呢，心里就打起鼓来。我说你们李离……"对不起呵，老师，孩子给你添麻烦了，回去我跟她妈妈一定好好说说她。"一句话就把我堵得忘了该说什么了，余下的时间我完全被他牵着鼻子走了，直到他告别了我才醒悟过来，我实在太嫩了。

放寒假了，我觉得放寒假了李离还不回家总是不妥，于是就跑到李离妈妈的单位。李离的妈妈在一家保密工厂工作，我们只能在门房间旁边的接待室里交谈。她妈妈说知道李离住在朱文家，就放心了，不回家就不回家吧。我听了心里钝钝地一疼，因为李离妈妈的态度向我证实了我不愿意相信的事情。"可是……""别说了，老师，我是孩子的妈妈呀，老师。"

我离开李离妈妈的时候，是灰溜溜的。我不知道等到开学了，我还能面对李离以及那班学生吗？幸好，校长让我过完年后就去区教师进修学院进修。

等我再回学校的时候，李离他们班已经毕业了，我也接了一个刚进校的新班级。可是，我不能忘记李离，她那事我等于是撒手了，一想到这里，她妈妈跟我说她是孩子的妈妈时的样子，就在我面前晃。

议一议

对我而言消失在茫茫人海中的李离和李离的爸爸妈妈，让这个扑朔迷离的故事失去了结局。现在回想起来，李离爸爸与李离妈妈差异过大的外表，让我觉得李离的口述不是简单的"撒谎"二字就能解释的。再回想李离妈妈特意来到学校的原因，除了告诉我这个过于年轻的班主任李离逃夜的问题外，怕是还想说些秘密的吧？

纵然当年我成熟得能够揣度出李离妈妈的心事，我还是想说，妈妈们必须相信，你的孩子不会是天生就学会撒谎的，她或他在家里谎话连篇一定是我们壅塞了他们讲真话的通道。试想，假如李离所说的是真的，她的第一个反应是向妈妈倾诉，对吗？妈妈选择了不相信，让李离沉默了。

不一样的言传会带来不一样的结果，李离的故事告诉我们，妈妈应该随时做好聆听孩子心声的准备。从另一个角度而言，要注意夫妻之间的沟通方式，不要给孩子带去误会。我们猜测，李离爸爸妈妈各方面悬殊的差别，会在他们的家庭生活中不知不觉甚至有意识地流露出来。于是，在幼小的李离心里就留存了这样一种念头：妈妈不会觉得爸爸有错，即便爸爸真的错了，妈妈也不会站在她这一边。

悲剧就此发生。

故事 2
你是我永远的儿子

我跟他同学的时候，就觉得他的名字老土得不得了，于长水。等到他平静的生活被揭开了盖子，让我看见了里面的五彩缤纷以及被五彩缤纷夹带出来的无奈，才明白他那对连路都走不稳的父母给他取这样的名字，是生活困顿的他们能给予他的最宝贵的东西。

于长水是住在棚户区的那对老夫妇的儿子。我们这片住宅区有些特别，小街的两旁一边是棚户区，一边是洋房。虽然我们这些住洋房的是驴子拉屎外面光——原本由一家人居住的空间一下子住进去十几户人家，还有什么舒适可言？可是20世纪70年代，我们这些住洋房的孩子见到棚户区的孩子，总还是无端地会生出骄傲来。其实，我们是彼此彼此，比如，于长水是我的同桌。

于长水是我的同桌，所以我有资格深入到他家的腹地。其实，棚户区的家是一览无余的，像于长水他们家就一间屋子，吃喝拉撒都在里面。可是，这不能成为他家杂乱无章的理由呀，那时候一家人家就住一间屋子的情况多得是，为什么就于长水家乱得简直插不进脚？大家都说因为于长水的妈妈是山东人，山东人总是不爱干净的，瞧他妈妈吃饭的样子，非得把碗里的饭扒到手心里，再用手把饭送进嘴里。在这样肮脏的环境里长大的于长水却长得眉清目秀，高高的个子白净的脸，在棚户区的孩子中间，不，哪怕把我们这些洋房里的孩子都算在里头，于长水的长相也是出挑的，所以我们班主任老是喜欢说他是聪明面孔笨肚肠。

也许是于长水与那个家实在太不协调了，这片住宅区里传起了一种说法，就是于长水是山东人夫妻捡来的。这话传到了于长水妈妈耳朵里的当晚，她蹒跚着迈出了家门，一手提了个小板凳一手掩着衣襟，等到板凳放对了地

方、衣襟也掩好了，她便坐下嚎啕大哭起来，一边哭着，一边拿手狠狠地拍自己的大腿，嘴里骂着："奶奶的，哪个杀千刀的，说我的长水是捡来的，他是我一把屎一把尿养大的。哪个兔崽子不信，我们来养一个！"听骂的大人们都掩嘴偷笑起来，传言倒是绝迹了。传言变成事实是四五年以后的事了，那时我和于长水已经不是同学了，我经过自己的努力考上了一所市重点中学，而于长水因为爸爸过世不得不退学，顶了他爸爸的位置承担起了养家的重任。

有一天，于长水的家里来了一男一女两个不速之客，是坐着汽车来的，所以成了我们这片住宅区里的一件大事。当独自在家的于长水妈妈开门看见眼前的客人时，竟惊慌起来。这个走起来一步三摇的女人之所以给人留下强悍的印象，是因为我们从来没见她惊慌过，甚至当她的老伴过世，眼看自己就要失去生活来源的时候，她都不曾惊慌过，更不要说失措了。可是这一男一女两个客人让她惊慌失措了，喜欢听壁脚的人马上告诉大家于长水到底还是领来的，那一男一女就是于长水的亲爹亲妈。

那对男女到底是不是于长水的亲爹亲妈呢？可惜我没有等到答案，我家就从那里搬走了。

很多年以后，我去参加一个新闻发布会，居然在现场碰到了于长水。这时，我们住过的那片住宅区早已变成了高级宾馆，所以，遇见于长水，真的算是奇迹了。事情结束以后，我们找了一家咖啡馆。

"你还是那样。"我说。

"什么样？"

我一愣，想了想，四个字蹦进脑子，又从嘴里蹦了出来："长身玉立。"

他笑笑，在一张纸上划拉着什么，我探身一看，四个字，长身玉立。我感觉那亲爹亲妈到底影响了他，便问："你妈妈好吗？"

"我妈妈已经没了。"

"对不起。"我为自己的问题感到懊丧。多年不见，见了却问出个不愉快的问题。可是，面对多年不见的于长水，难道我去问他那对男女是不是他的亲爹亲妈吗？虽然我有着强烈的好奇心。

"没事。已经很少有人知道我有过那样一个妈妈了。"他笑眯眯地看着我,像是下了个大决心后,讲了一个长长的故事。

那一男一女果真是他的亲爹亲妈,于长水是他们的小儿子,他们被赶到乡下的时候这个小儿子才刚会走路。两人觉得让孩子一辈子跟他们在乡下太委屈了,就想送人,只要接受孩子的人家是城里人,只要接收孩子的人家真心喜欢孩子。乡亲就帮他们找到了在上海谋生的老乡,这对山东夫妇。

他们怎么想得到自己有朝一日还能回上海?让他们牵肠挂肚的小儿子就在身边了,他们没法忍住不去看看。说真的起先他们就是想去看看的,人家替你把孩子养到这么大,怎么好去要回来?可是,看到孩子的生活环境,他们又没法不想去把孩子要回来。所以,小车载着他们夫妇几次三番地来到于长水家,到了嘴边的话就等着合适的机会吐出来了。

这对夫妇的心事于长水的妈妈早就读出来了,但是,她舍不得。于长水小的时候家里买不起奶粉,都是她把菜里的一点点鱼一点点肉嚼碎了吐到手心里喂给于长水，不然，他怎么能够长这么高？人家想把孩子接回去是为了孩子，这个道理她是懂得的。如果老头子在的话，她也许就答应让孩子走了，但是老头子不在了，让她一个人孤零零地在这间破屋子里度日，太难熬了。

"不知道什么缘故，我妈妈一下子想通了，"于长水说，"我记得是早上，我夜班回家，我妈妈对我说，长水，你也知道了，最近总来的那对夫妇是你的亲爹亲妈。他们俩可是干部。为了你的前途，妈妈打算让你跟了他们回去！"其实，在妈妈对我讲这些话之前，我已经在暗暗地做选择了，发现这个选择不能做。现在，妈妈一定要我做选择了，我只能沉默。这时候，妈妈讲了一句我这辈子都无法忘记的话，她说："你不是我的儿子，我是你永远的妈妈。"

我看着于长水的手掌拼命地摩挲自己的脸颊。手拿开以后，我看见他的眼睛有些红。"我特别理解那些被领养的孩子的感情，他们因为父母当初的决定，终身被两种亲情裹挟着，不能自拔，只好仇恨。"

"你还是可以照顾你妈妈的。"

"那要等到我自己有能力的时候。"

后来，在亲爹亲妈的逼迫下，于长水又回学校拿起了书本，并考上了大学。"这个公司也是在他们的帮助下弄起来的。"他递给我一张名片，我这才发现他是今天举行新闻发布会的公司的老总。

我由衷地说："你妈妈一定很高兴。"

"可是我大学刚刚毕业，她就走了。"他顿了顿，"你们一定都觉得我妈妈是个凶悍的女人，可你们不知道她全是为了我，她说我爸爸就是太窝囊才委屈了一辈子，她说我不能像爸爸要像她。她给我取于长水这个名字，就是希望我能够永远地留在她的身边。可是，到后来我还是人家的儿子。"

议一议

并不是有着高学历的父母、有着好背景的父母，才能给孩子很好的言传身教，于长水妈妈对于长水说的那一通临别之言，我觉得就是最佳的言传。多年以后与于长水意外相逢，也让我们看到了一个喜人的结局：称得上最佳言传的于长水养母的那一席话，在于长水以后的人生中起到了极好的示范作用。

试想，假如于长水的亲生父母突然出现在于长水家的那间棚户小屋里，于长水的养母恶妇一样将当年丢弃孩子、今天又想把孩子领回去的那对干部骂出去，故事会有一个什么样的结局？于长水的人生一定会被改写，而养母在于长水心中的形象也一定会改变，所谓有什么样的言传就有什么样的结果。

当然，于长水与养母之间的故事只能发生在那个特殊的年代。但是，于长水养母为人处世的方式方法，却永远不会过时。比如，看清丈夫是一个懦弱怕事的男人后，于长水的养母不是一味地去责备丈夫，从而让养父的形象在于长水的心目中变得非常不堪，家庭也因之失衡。于长水养母的做法是，既然丈夫性格已不可改变，便认可它，只是在养育于长水的过程中注意不让丈夫的懦弱影响到孩子，这样的言传巩固了家庭关系，树立了父亲在孩子心目中应有的形象，也替自己在孩子心里描画出了一个完美的形象。

因为爱情走到一起的夫妻,经年累月,夫妻间的爱情已成亲情,再看彼此,总有那么一点点不让人称心的地方。也许,于长水的养母从来没有接受过这样的教育,就是不在孩子面前拆丈夫的台。但是,天性使然让她选择的养育孩子的方法,值得我们借鉴。

CHAPTER 06 第六章
别在孩子面前埋怨家人

TA YU JIA

我们用两个极端的故事来跟大家进一个道理：语言能杀人。

有一个现象让我们百思不得其解，就是在单位里、在社会上我们能够心平气和地与人对话；可一旦与家人面对，很多人就会情不自禁地选择恶语相向。这是为什么？大概是觉得，与家人在一起，我们可以卸下伪饰，将自己的真性情一览无余地表露出来。殊不知，很多情形下，外面的世界多半是貌似温和，难躲的暗箭已经让我们的亲人遍体鳞伤，回到家中我们需要温言软语互相慰藉，但有些家庭的情绪主导者总是让家庭成员处于精神被虐待中。

我们想告诉妈妈们，家庭中的情绪主导者多半会是妈妈，所以我们要特别在意自己，不要在孩子面前埋怨自己的另一半或者其他家庭成员。如果只考虑宣泄自己的情绪，结果会怎么样，故事会告诉我们。

故事 1
走一步三回头

第六章 别在孩子面前埋怨家人

女儿一大早就骑着自行车走了。外孙女也在早上9点多钟骑上自行车走了。由三个女人组成的家庭，现在就剩下老外婆马绣真一个人了。家里只剩下81岁的马绣真一个人，是经常的事情。马绣真的女儿是区教育局的副局长。旁人都知道，一个女人，没有后台，靠自己的一步一个脚印，从一个中学的数学教师做到区教育局的副局长，不是一件容易的事情。这其中的不容易，她这个当妈妈的，就更清楚了。

马绣真有两个女儿，校长是她的大女儿。30年前，马绣真住在北京的小女儿家，大女儿写来一封长信，说她就要生孩子了，自己在学校教两个班级的数学课，还当一个班级的班主任，实在没有办法自己带孩子，她求妈妈去上海帮忙。读罢这封求助信，马绣真坐在小女儿家的厨房里踌躇再三。两个女儿中，她不喜欢大女儿，像极了拔腿就离开她们这个家的她们的爸爸，一门心思要当官。可是，事情到了这个地步，叫她无动于衷，她做不到。所以，等到下班回家的小女儿点亮厨房里的灯时，她已经拿定了主意。

"你打算怎么样？"读完妈妈递过来的信，小女儿问。

"去！"她就是这样，年纪大了，也不啰嗦。

小女儿马上爆发了："你忘了当年在家的时候她是怎么呵斥你的？你也忘记了你是如何发誓赌咒坚决不跟她一块儿过日子的？"

她还是来了上海。

大女儿生下女儿40天后，就回学校上课了。在一家工厂当工程师的女婿觉得不可思议："天底下哪里还有比母亲更重要、更高贵的角色？"他吼着对大女儿说。在马绣真听来，女婿的话太对了，所以她不表态。她就是表态了，大女儿能撂下工作带孩子？知女莫如母。可是，一年后女婿与大女儿离婚离开这个家时，马绣真觉得自己真是吃力不讨好。如果不是她千里迢迢地从北京奔到上海来替大女儿带小孩，大女儿就没有办法产后40天去上班，女婿也不会离开这个家了。

女婿走了以后，马绣真就更不能回北京了。不然，大女儿领着个才把路走稳的小孩，怎么过日子？她留下了，不过跟大女儿说好的，只要小云上幼儿园了，她就走。

小云就是外孙女的名字，姓什么，马绣真提都不愿意提，既然已经离婚了，还让小云姓那个男人的姓干什么！大女儿说名字不就是一个代号吗？姓什么都一样。可是，马绣真知道，大女儿是怕她离婚的事被人们传得纷纷扬扬的，影响了她的仕途。再云遮雾罩的，离婚这事还能瞒得住？想到这里，马绣真甚至暗自喜欢：这下看你怎么当官！马绣真错了，她眼看着大女儿从一所普通中学的数学老师，到重点中学的教导主任，到校长，又到了教育局的副局长。大女儿付出的代价是没日没夜地扑在工作上，先是教书，后是管教书的人，后来管管学校的人。一个女

人，把自己弄得根本没有女人的样子，这算什么？马绣真想。这样做的结果是，小云跟她这个外婆亲得反而把自己的妈妈当成了外人。马绣真想也好，就让我替这个大女儿做件好事吧，把小云教成不折不扣的女人。

可是，有些东西是与生俱来的，单凭马绣真的一己之力难以改变。小云跟着外婆长大是一个不错的女孩子。可是，一迈腿踏入社会，小云本性里的一些东西开始泛滥。先是跟单位里一个非常有才华的业余作家关系暧昧，弄得单位、家里和那个作家的家里鸡飞狗跳的。

马绣真找外孙女谈话："就算是一个才华横溢的作家，都四十好几了。"

"我喜欢成熟的男人。"

当即，马绣真噎住了。只要没被噎得一口气缓不过来，马绣真还是要说的："人家女儿都那么大了。"

"跟我有什么关系！我只喜欢他。"

马绣真气得一个电话把大女儿招回家。大女儿在电话里求她："妈，什么天大的事，我这儿忙着呢！"

马绣真气急败坏："两个小时后你不回家，再见到我就已经死了。"

大女儿回家后听马绣真如此这般地一说，打了两个电话，一个电话是给小云单位领导的，一个电话是打给为小云找的新单位领导的。

还好，那个男人并没有让小云到生死与共的地步，很快她就把那段所谓的感情忘得烟消云散，并很快结识了一个年龄相仿的小伙子。

这个小伙子的家庭状况不能令马绣真太满意，可是，她太害怕小云再闹上那么一出，就极力撮合小云跟那个小伙子结婚，反正家里多的是房子少的是人，特别是男人。

两个人还真的很快就结婚了。新婚后大约半年里，小夫妻两个甜蜜蜜的，感染得马绣真也快快乐乐的，以为这个家尽管大女儿整天不着家也可以其乐融融。可是，才半年，小云就跟她嚷嚷要离婚。马绣真马上就想到了大女婿离家的情景，真是伤心至极，就竭力维护这桩婚事。小云哪里听得进去？尖叫着："他外面已经有女人了，我还跟他睡一张床！"马绣真赶紧去找外孙女婿，一脸痛苦的小伙子一脸诚意地告诉马绣真："外婆，你不要听小云瞎讲，她就是不愿意再做我老婆了。"不知怎么的，马绣真觉得外孙女婿说的是老实话，听罢，浑身上下的筋骨像是被抽去了似的，没有一点点力气。

外孙女婿离开这个家已经半个多月了。这半个月里，马绣真好几次拿出以前晒被子用的细麻绳往门框上搭。她想，搬张凳子站上去，把头塞进那绳套里脚一蹬凳子，就什么都不知道了，就一了百了了。可是，自己走后，谁做饭给她们母女两个吃？她们母女两个换下的衣服谁给她们洗？小云还好，大女儿经常忘带钥匙，又总是深更半夜才回家，谁给她开门？

现在，马绣真已经把细麻绳套在了自己的脖子上，又有一个小人在她的耳朵边嘀咕那三个问题了。马绣真一咬牙，大叫一声不管了，就把脚下的凳子给蹬了。

议一议

读完这个故事，一定会有人问，马绣真为什么要自杀？

我们在故事里隐藏了一个信息，就是小云的爸爸为什么要跟小云的妈妈离婚。

当他们成为夫妻的时候，小云的妈妈是普通的数学老师，小云的爸爸是工厂里普通的技术员。大家都说，两个人多么般配呀。随着时间的流逝，小云的妈妈如我们在故事里读到的那样，步步为营、步步高升，她要求丈夫像她一样，成为众人瞩目的社会角色，小云爸爸却安于做一个合格的技术员。两个人对自己未来的不同规划，终于导致婚姻破裂。心理学家总是开悟我们：社会角色和家庭角色是完全不同的角色，假如我们将它们混淆起来，很容易导致婚姻失败。小云妈妈与小云爸爸的婚姻，就是此一理论的最好注解。

并不是所有离异家庭的子女都会重蹈父母覆辙的。关键是，当小云爸爸离开这个家庭后，小云妈妈在向女儿灌输什么。

三个女人组成的家庭，让小云进入到青春期后，非常想要得到一个男人的关怀。与同事的一段不该有的恋爱，就是缺少男性、缺少父亲的家庭里女孩容易犯的错误。

为了让女儿理解自己为什么要离婚，小云的妈妈不停地告诉女儿,她的爸爸是一个无用的、没有追求的男人。这种抱怨使小云在长大成人以后,不再去关心孤独的父亲,更是在结婚以后学着妈妈去打量丈夫,也就是我们刚刚所说的,用社会角色去衡量丈夫的家庭角色是不是合格。角色一混乱,哪里还有合格的道理?

马绣真为什么自杀?小云的外公生前做了一份出生入死的工作,早早意外亡故。马绣真希望两个女儿的生活能平凡幸福。但是,她的大女儿让她失望了,她的外孙女又让她失望了。想到自己一身病痛原本就在苦挨余生,不如就这么去了吧。马绣真想用自己的死来警示女儿和外孙女,家人不是用来埋怨的,而是用来相亲相爱的。

故事 2

情不自禁地喜欢儿子

你问你身边的妈妈们是喜欢儿子还是女儿,会被认为是无稽之谈,就算有了二宝,不管是儿子还是女儿,都是妈妈的宝贝。

她是一个特例。在孕早期,她就显出不同凡响来,才三个月,肚子就乍眼地大着,于是大家就说你会不会怀了双胞胎?"怎么会呢?我们家又没有双胞胎基因。"她嘴里这么说着,心里却把猜测当了真,用她远在新加坡当中级白领的丈夫的话说就是双胞胎好啊,这叫多快好省地完成了生儿育女的光荣任务。她又想丈夫真是个贪婪的人,即便真的是双胞胎,或者男孩,或者女孩,谈得上生儿育女吗？如此嗔怪了丈夫，去医院做产前检查时被医生确认自己的确怀了双胞胎后，她还是忍不住问医生："会不会是龙凤胎？"医生笑了，让她自己看B超显示出来的尚在她子宫里的两个小人，它们像是在拍照相馆里的合影，肩并肩地排在B超里。后来的事实证明她丈夫如同巫师，她果然生下了一双儿女。

好了，行文至此，应该介绍一下她的家庭背景了。

她的爸爸妈妈是在20世纪50年代后期结的婚，结婚以后小两口一直想要个孩子，但就是要不到。20世纪50年代不像现在，你没有孩子大家会认为你选择做丁克；那时候你结婚几年还没有孩子，大家看你的眼光就疑惑了，她的爸爸妈妈不能忍受这种眼光，就领养了一个男孩子。奇怪的是领养来的男孩子长到一岁半的时候，她妈妈怀孕了，生了她。

当然，她直到现在都不知道哥哥并不是她的亲哥哥，她知道的只是在他们家里，"公平"两个字是不存在的，好吃的，永远是哥哥吃第一口；好玩的，永远是哥哥先尝试。这也就忍了，难忍的是她有一阵子总是穿哥哥穿小的衣服，所以她这个女孩子很少有花衣裳和花裙子；更难忍的是她与哥哥之间有了矛盾，爸爸妈妈永远站在哥哥一边。

有过这样的经历，在她那里，爱的天平应该不会倾斜。但是，她到底把儿子当作了手心里的肉，把女儿当作了手背上的肉。虽说手背手心都是肉，亲与疏到底还是有差别的。

或许是在同一个子宫里共同成长的缘故，即便是同胞不同卵，双胞胎肚子饿起来总是在同一时刻，而妈妈只有她一个，怎么办？起先是因为儿子的哭声大所以儿子总是先喝到奶。后来，她的奶水不足以哺乳两个孩子了，她就让女儿喝奶粉，剩余的母乳全都喂给了儿子，直到他8个月大时断奶。

提倡母乳喂养除了有利于宝宝健康外，是不是还有一层意思？就是能增进母子之间的关系？决定将不多的母乳给儿子而不是女儿时，她没有意识到母乳喂养还能增进彼此之间的感情，她以为自己给女儿和儿子的爱是一样的，可旁观者清清楚楚地看到，爱的天平在她的心里是倾斜的。

双胞胎生病总是非常同步，一双儿女刚开始生病的时候，尽管手足无措，他们还是把他们都带到医院去，几次三番后，他们发现双胞胎不仅一起生病且多半生的是同一种病，便决定再有状况就带一个去医院，而带去医院的永远是儿子。

起先，不是别人，而是她的妈妈对她的这种倾斜产生了疑问："你怎么可以这样对待妹妹？"她没有吭声，但她妈妈是个聪明人，马上明白了她是在责怪自己当初在养育她和她哥哥时亲疏有别。她妈妈想这种责怪真是冤枉死她了，儿子是领养来的，尽管几度搬迁周围的邻居已没有人知道这个秘密了，但这样的秘密比纸还要薄，她不能在秘密被风吹破以后被人戳脊梁骨说她亏待了领来的儿子。要么，就把真相告诉一直蒙在鼓里的她？她妈妈想，可是实在无法预料她知道真相后兄妹关系会不会产生变异，这是自己不愿意承受的。那么，就让她去喜欢儿子吧，自己多分一点爱心给外孙女。

可是，她妈妈没有想到，在一个小女孩的心里，是谁都替代不了妈妈的。小女孩慢慢地长大了，许多事情她也慢慢地懂得了。如果你有幸被她邀请去她家做客，你就会看见这样一幕：门一开，她儿子会蹦蹦跳跳地上前问你好，并给你拿好给你替换的拖鞋。你在客厅里的沙发上坐定，她儿子又会捧上一罐糖果给你挑选。她当然非常高兴了，在你盛情难却地拿了一颗糖后，她会带着一脸满意的笑告诉儿子，弟弟你自己也吃呀。她儿子在口袋里装了几颗巧克力后，又拿眼睛看他妈妈。她还是笑，告诉儿子：弟弟你还想要？拿吧，因为你今天表现很好！能去她家做客的人当然知道她还有一个女儿，能生育一对龙凤胎毕竟是一件新鲜事，所以会问，你女儿呢？她一定会告诉你她女儿非常不上台面，说着她开始叫女儿。你看见的她的女儿果然畏畏缩缩的，用你几乎听不见的声音叫了你一声后，便拿眼角去瞟那只糖罐。在女儿瞟过几眼后，她会说妹妹你可以拿一颗糖，但只能拿一颗，吃多了糖牙齿会坏的。她女儿果然静静地拿了颗糖准备走，她的声音中有些不快了，妹妹，你怎么这么没礼貌？不跟客人说再见就走！她女儿有些慌张地把那颗糖揣进口袋里，怯生生地向

第六章　别在孩子面前埋怨家人

107

你摇摇手走了。

哪怕你是她的新朋友，你都会发出这样的感慨，这个人对待儿子和女儿的态度怎么会如此天壤之别？可是你不知道，更过分的事情还有。转眼间，她的一双儿女要上学了。要么去公办学校，不收学费，但是不能保证教学质量；要么去民办学校，教学质量保证了，但是学费贵呀，那可是动辄上万的！她那在新加坡做中级白领的丈夫是挣了不少新币，可是辛苦挣来的钱不能全花给孩子们上小学吧？以后他们还要上中学，中学后面还有大学，都需要钱呐。就在她不知所措的时候，民办学校的一项规定救了她，说是孩子进学校必须通过他们的考试，不然你出多少赞助费学校都不要你孩子。就让他们都去考吧，如果女儿考不上，别人就没话好说了。可是，她万万想不到的是，考试的结果是女儿过关了但儿子不行，这可真让她犯了难。如她这样受过高等教育的人乱了方寸的时候也叫人咋舌，她居然跑到学校去说反正都是他们家的孩子能不能换一换？答案当然是否定的，这迫使她做了一个重大抉择，听从丈夫的召唤带一双儿女去新加坡。

听人说，她们一家在新加坡生活得不错，不过在儿女之间她还是重此轻彼。不是没有人问她，一样是自己的亲骨肉，她怎么做得出来喜欢一个不喜欢另一个？她的回答是两个我都喜欢，只不过我更喜欢儿子。我也知道这样对女儿不公平，但是，没有办法呀，我总是情不自禁地喜欢儿子。

议一议

英国是一个盛产女性推理小说家的国家。除了阿加莎·克里斯蒂以外，还有一位名叫约瑟芬·铁伊的，一生只写了8本推理小说，却一本是一本的特色，绝不雷同。《博来·法拉先生》是约瑟芬·铁伊最后完成的小说，讲的是由于父母对一双儿子亲疏有别，激起了被轻视者强烈的嫉妒心，就对受宠者起了杀心……

故事中的"她"，让我百思不得其解：尽管母亲区别对待她和她的哥哥，有着没有办法告诉给她听的秘密。但是，被父母忽视的感觉，她应该非常痛恨，怎么会等到自己幸运地有了一双龙凤胎后，也同样如此厚此薄彼？

就像我们在故事里所讲述的那样，她对儿女的区别对待，已经影响到了儿女的性格养成。瞧她的女儿，就算在亲生母亲身边，都表现得那么怯懦。让人难过的是，作为妈妈，她居然还没有意识到，自己已经对女儿造成了什么样的伤害。

因为总是当着儿子的面呵斥女儿动作慢，因为总是当着儿子的面责备女儿不够聪明，因为总是当着儿子的面贬低女儿的机灵……我们没好意思向读者展示，他的儿子对待姐姐时有多么嚣张！那一包刚买来的乐高，他玩够了丢在了那里，好奇的姐姐怯懦地靠近乐高，刚刚摸到其中的一小块，弟弟就哇哇大叫："我的东西，不许你碰！"做妈妈的非但不管教过分的儿子，还把女儿骂哭了。

争气的小姑娘凭借自己的先天能力考上了那所民办学校，太棒了。假如故事中的"她"如愿，是儿子而不是女儿考上了那所民办学校，我们可以想象，真的输在人生起跑线上的她的女儿，接下来的生活道路将多么灰暗。

亲疏有别地对待儿女，对这个家庭来说还有一个不确定的结果在等待着他们，那便是孩子们长大成人以后，会不会因为孩提时母亲宠一个嫌一个而让姐弟之间有着感情沟通的隔阂？这样的情形在上一代多子女家庭里没少出现。如果我们一语成谶，母亲的错爱真的造成姐弟之间难以弥合的疏离，那将是多么令人痛心的状况！

我们国家的基本国策已从一对夫妇生育一个孩子过渡到鼓励年轻的夫妇最好生育两胎。这个时候，家有二宝的妈妈尤其需要读一读这个故事。

也许，约瑟芬·铁伊虚构的故事不会真的发生在实际生活中。可是，艺术总是以高于生活的方式在警示着我们。

CHAPTER 07 第七章

该放手时就放手

每天凌晨 4 点起床给儿子熬梨汁，儿子去任何一个剧组都要带着锅碗瓢盆做他的移动厨房，以健康为由限制儿子外食……前一阵子，一个明星妈妈得意洋洋的护儿宣言被媒体披露后，妈妈以及明星本人都成了众矢之的。我们指责那个妈妈看不到儿子已经长大成人，非要大包大揽，把儿子娇惯成了妈宝；我们责怪那个明星明明自己已经到了该独立生活的年龄，为什么还要沉迷于妈妈圈定的舒适圈不想挣脱。一个妈妈和她明星儿子的故事因为极端，从而让每一个旁观者看到了母亲该放手时不放手的害处。

事实上，我们周围有不少家庭也在同样上演一个妈妈和她明星儿子的故事！只是发生在我们周围的故事显得相对温和一些，以致许多母女或者母子没有意识到，危机正在慢慢袭来。

第七章 该放手时就放手

故事 1　黄秀英的狠招

初秋的阳光已经不燥热了,吃过早饭,黄秀英的同屋就坐到窗下晒太阳。她招呼黄秀英也坐过去,黄秀英摇摇头,安静地倚在床头看一本叫《大众卫生》的杂志。

其实,用劲的不是眼睛而是耳朵。黄秀英的耳朵支棱着,努力捕捉养老院的围墙外是不是有吵嚷的声音。

一个星期前,孽子不知怎么的找到了这家养老院,在围墙外大吵大嚷,"控诉"她把房子卖了让他没有地方住,而她每月给他的生活费根本不够。真是丢脸啊,她想出去跟这个伤透了她心的孽子讲讲道理,可知道内情的养老院的工作人员都不让她出去,说如果他讲道理还有今天?也对，黄秀英就没有出去。见不到她的孽子就天天到养老院的大墙外吵闹，像上班一样。起先，黄秀英觉得丢人现眼，等到养老院里的人都知道了她的事，黄秀英倒也坦然了，也认可了这种儿子与她唯一的沟通办法。现在，黄秀英就在支棱起耳朵，捕捉儿子的声音。可是，儿子的声音迟迟没有响起来，倒叫黄秀英担心起来：是不是昨天晚上离开这里后出了危险？黄秀英着急起来，颤颤巍巍地起身到走廊，却看见孽子来了。

　　孽子一来，黄秀英就躲。可是来不及了，只听见儿子凄厉地叫她："妈妈，您怎么能把爸爸留下的房子卖掉呢？儿子是不好，一次次惹您生气，可是您也不能把房子卖了呀，您这是让儿子死无葬身之地呀。"黄秀英的身体控制不住地颤抖起来，浑浊的泪水顺着满是老年斑的脸颊滚落下来。是继续往房间去，还是转过身来质问孽子，我这个当妈妈的为什么要把住了半辈子的房子卖掉？正不知所措，养老院的院长轻轻扶住她的胳膊，在她的耳边轻声说："你又动恻隐之心了？"黄秀英感激地看了一眼院长，摇着头、叹着气回到自己的房间。

黄秀英默默地坐在自己的床上，干什么呢？卖房子前已经把事情思来想去了好多遍，现在还有什么好想的？同屋挤到她的身边："你儿子真是会说话，他是一个文化人吧？"黄秀英摆出一副想要睡觉的姿态，同屋只好嘟哝着重新回到太阳底下。黄秀英抖开被子，躺下。

儿子曾经那么讨人喜欢！变化是在他大学毕业以后。那时候，老头子已经病倒了。老头子的身体一向很好，为了家里的日子退休后一直返聘着，可是，突然就躺倒了。老头子被返聘的时候，一家人没觉得日子其实不容易过。老头子一躺倒，这才觉得柴米油盐样样都贵。还好，儿子就要大学毕业了。黄秀英对儿子说，你无论如何要找到一份好工作。好工作的含义就是收入要不错，让黄秀英满意的是这一点不用她再跟儿子点破。于是，5000元左右收入的工作，都被儿子一一拒绝。拒绝工作的同时，时间也在被他们拒绝。等到学校通知必须离开的时候，儿子只能找到3000元左右月薪的工作了。这时候黄秀英想有总比没有好，就让儿子接受，可儿子说什么也不愿意。黄秀英倒是想从老头子那里讨救兵的。可是，他已经病入膏肓，没多久就撒手人寰。虽说不用再伺候老头子了,可老头子的那点退休金也被他带走了,黄秀英的那点退休工资要养活两个人,拮据了。于是,她跟儿子商量先找一份工作做起来再说!儿子还是不肯,理由是现在的人都势力得很,如果自己起步很低,以后就别想翻身了。黄秀英想想也对,就要求儿子不要整天泡在网络上。儿子回答:"网上有很多机会,错过了怎么办?"黄秀英不懂网络上的事情,错愕之下只能从仅有的一点点收入里每月抠出100多元给儿子上网。

再怎么不懂网络,晚报黄秀英总是读的。晚报上说的网瘾什么的,黄秀英觉得怎么自己儿子的症状有点像呢?白天黑夜都泡在电脑前,吃饭都可有可无的。黄秀英这下坐不住了,当晚就把儿子从电脑前拽起来,指着晚报上的文章问儿子:"你是不是也这样了?"儿子倒也老实,默认了。黄秀英又气又急:"我们家连饭都快吃不上了,你不找工作还整天玩,你对得起我这个当妈的吗?"儿子愧疚地看着黄秀英,还真是不玩了。可是,不上网的儿子就像只无头苍蝇似的在家里乱撞,看得黄秀英心烦意乱的,就让他出去找工作，可是儿子说什么也不肯走出家门。这样不是要把人憋出毛病来吗？黄秀英只好暗示儿子他实在要上网就上吧。

矛盾的激化是在今年的2月份，黄秀英记得很清楚是春节后一个阴雨天，突然有人敲开了家里的门。黄秀英想都过了年了怎么还有人来？来客人是黄秀英最害怕的事情，拿不出东西来招待人家也就算了，人家要问起儿子的事情，她实在是难以启齿。可又不能不开门，慌乱之下与一个小姑娘打了个照面，她说是来找儿子的。难道是儿子的同学？还没有等到黄秀英招呼，儿子忙不迭地迎了出来，脸色绯红。这种状况黄秀英哪里会看不懂，就会心地躲到里屋。晚上，儿子跟黄秀英商量："她暂时没有借到房子，想在我们家借住一晚上。"

黄秀英起先有些疑惑。可是，儿子没有工作，有小姑娘愿意跟他交朋友，多不容易，就默认了。哪里知道，这小姑娘住下就不走了，慢慢的黄秀英还知道她根本不是儿子的同学，是儿子从网络上搭识来的。黄秀英再不懂网络上的事情，也认为从网络上搭识来的肯定不是什么好人。

你想，好人家的女孩怎么肯轻易住到男朋友家去？黄秀英就给那女孩脸色看。可是，只要那女孩在儿子那里嘀咕几句，儿子就把黄秀英的脸色还给黄秀英，黄秀英只好息事宁人。几次三番以后，儿子和那姑娘索性睡到一张床上去了。打那以后，黄秀英不太敢上街，每天一定要去的菜场，黄秀英也去得缩头缩脑的，一去就觉得后背上沾满了污言秽语。黄秀英觉得这日子再这样过下去自己怕是要疯掉了，趁着天还不太热大老远的跑去郊区跟妹妹讨主意。妹妹说，你这样下去要被你儿子拖死的。黄秀英说，我就是不想被他拖死才到你这里来讨主意的。妹妹斜睨她一眼："我可是要给你出狠招的，你怕不怕？"

黄秀英心里一顿：妹妹心狠手辣在他们兄弟姐妹间是出了名的。想了想，黄秀英还是点头表示妹妹的主意再毒辣，自己还是愿意听听并考虑是否接纳。妹妹问："养儿防老，你这个儿子还指望得上吗？"黄秀英坚定地摇头。"那你只有靠自己了。"黄秀英坚定地点点头。"那你把你的房子卖掉住到养老院去。""什么！"黄秀英失声惊叫起来。"看看，我警告过你的。"妹妹察言观色后又拿出一招：

"你实在下不了手就把房子借掉,跟你儿子谎称你已经把房子卖掉,让他自己想法养活自己。"妹妹顿了顿,又说:"你还下不了手,就每月贴他一点生活费。不然,你自己毁了,也把你儿子给毁了。"

从妹妹那里回来,黄秀英把妹妹的主意翻来覆去地想了一个月,觉得也只有这样了。正愁儿子跟那女孩整天粘在家里没有办法实施方案的时候,儿子跟她商量想跟同学去外地玩几天。黄秀英暗自喜欢又怕被儿子看出破绽,就故意装出不愿意给钱的模样。儿子马上安慰她:"回来以后我就去找工作,多少工资的工作我都去做。"那一瞬间,黄秀英几乎要废除妹妹的主意了。可是,转念一想,儿子这样的话就像空心汤团,不知道给她吃过几回了。

房子是妹妹帮她找的房客。那房客也是像妹妹一样的狠角色,等儿子带着女孩回来连好脸色都没给就把他们堵在了门外。

儿子几次来都是一个人,这么说那姑娘已经离开他了?这么说妹妹的主意开始奏效了?这么一想,黄秀英踏实多了。

第七章 该放手时就放手

议一议

"早知今日何必当初"是给黄秀英最好的"赠言",可是已经没有意义。黄秀英会终老在养老院,而那个孽子将为自己的行为付出应该付出的代价——这,都不是我们讲这个故事的目的。我们讲这个故事是想告诉听故事的,从黄秀英的故事中我们能吸取哪些教训。

一是,做父母的将孩子养育到大学毕业已经足够,没有必要再为可以赚自己生活费的孩子继续买单。

二是,上班肯定比上学辛苦,有些不适应的孩子会因此找种种借口逃避上班,做妈妈的要警惕,这是坚决不能允许的。黄秀英的儿子就是恐惧上班而成为啃老族的。

三是,一旦孩子出现啃老的苗头,做妈妈的一定要狠下心来将孩子赶出家门。也许,暂时看起来做父母的太狠心;长远来看,那是救了孩子。

故事 2
我只能忍受一碗汤的距离

第七章 该放手时就放手

就在刚才，这个家里发生了一场前所未有的大争吵。

薇薇，就是我的那个小外孙女就要上学了。女儿的意思是要把薇薇送到区中心小学去，理由是那是一所本地区教学质量最棒的学校。女婿说："饶了我吧，小嫱。"小嫱就是我女儿，他说："就让我多睡一会儿吧，我可不去送薇薇上学。再说了，小学有什么教学质量！"女儿就把目光转向我们。这事儿我跟小嫱爸爸商量过了，觉得中心小学离这里虽然不远，可是没有直接的公共汽车能到，对我们来说接送薇薇将是一件非常困难的事，所以我对女儿说："我们也不赞成把薇薇送到中心小学去。"

我那犟脾气的女儿马上翻了脸:"那我就要考虑把这里的房子卖掉,去中心小学附近重新买一套。"

一记重锤击打在我的心头,我最害怕的问题小嫱她还是提了出来。

小嫱小的时候,我跟她爸爸是一家旅游公司的骨干。我们可以不跟团的,可是,我喜欢玩,跟团可以国内国外到处跑,还省了家里一摊柴米油盐酱醋茶的烦恼事,何乐不为?我跟小嫱爸爸一商量,就把小嫱托付给了婆婆。所以,在我的记忆里小嫱不是一点一点地长大的,而是一段一段长大的。

那次,我跟小嫱的爸爸外出了好长一段时间回家后正逢旅游淡季,就把小嫱接回家打算好好疼疼她,可接回小嫱的当天,就有同事送来两张音乐会的票子。再把小嫱送回到婆婆那里,肯定是不合适的;割舍音乐会,又实在不甘心。想来想去,我们就早早地带小嫱出去吃了一顿她喜欢的晚饭后把她锁在了家里。哪里想到,她被自己吓破了胆,我们听完音乐会回家,才踏上楼梯就听见了小嫱凄厉的哭声。

我从没想过这些往事会伤害小嬙,意识到也是在小嬙打算结婚的那会儿。我跟小嬙的爸爸不是旅游公司的骨干吗?为公司挣了不少钱,所以公司奖励了我们一套三房一厅的大房子。小嬙结婚完全可以跟我们一起住。可是,她说什么也不愿意,还借口小黄我那女婿不愿意。我早就看出来了,小黄不是小嬙的对手。好在那时候我跟小嬙的爸爸还没有退休,他们不跟我们住在一起也好,省得我操心。于是,小两口在城郊结合部买了一套一室一厅的小房子,还问银行借了好几万块钱。

我们是在薇薇出生半年以后退休的。让我们惶恐的是,一退休我们的工资急速缩水,人们说在企业工作的缺点就在这里,别看在岗的时候工资高得令人眼红,可一旦退下来退休工资就那么一点点,这可怎么办?我跟小嬙的爸爸都是大手大脚惯了的。老人们说日子从差往好里过容易,从好往差里过就难了。我算是尝到滋味了,好在我们有一套大房子,更好在小嬙他们一家三口过得不错,原来的小房子已经被他们卖掉,在市中心买了一套比我们的大房子更大的房子。

第七章 该放手时就放手

退休以后的日子比我们想象中难捱，早上起来锻炼了身体，吃了早饭，买好小菜回家，才 7 点钟。翻翻《文汇报》，看看《夕阳红》，好歹把上午的时间打发掉了，可是午后还要漫长，还不敢午睡，不然晚上躺到床上就要数羊了。我跟小嫱爸爸商量就搬到小嫱家去帮他们带薇薇吧。出人意料的是，小嫱根本不接我们的茬！

是我们错了，我们不该在自己年轻的时候把小嫱丢到一边不管不顾，就让我们现在来弥补吧。于是，我们决定把公司奖励给我们的那套大房子卖掉，到小嫱家附近买一套小一点的，附近到什么程度？从小嫱家端一碗刚出锅的汤到我们家，那汤还是热乎的，我管那距离叫一碗汤的距离。市中心的房价贵呀，我们看中的房子的价钱，就是把我们的房子卖了贴上我们所有的积蓄，还是缺一点！我后悔年轻的时候太贪玩，没存下足够的钱。小嫱毕竟是我们的女儿嘛，她贴补了我们 10 万块钱。从那以后，我们一早起来锻炼身体，顺道买了小嫱他们夫妇的早饭和小菜就去小嫱家，他们去上班后我们就把薇薇送到幼儿园，然后打扫打扫房子、准备准备饭菜，到了晚上小嫱他们回家，我们一道吃了晚饭后就回家。这一碗汤的距离让我们的日子丰富而又忙碌起来，也让小嫱他们的生活压力减轻了不少，很好。哪里想到我们会为薇薇上学的事情闹出这样大的麻烦。

吵过以后，小嫱不要我们送薇薇了。现在，偌大的房子里只剩下我跟小嫱爸爸了。小嫱爸爸劝我："要不就让他们买中心小学附近的房子去吧，我们帮他们把薇薇带这么大了，也算尽职了。"我眼泪一下子涌了上来：哪里是小嫱他们需要我们？自从小嫱让我们双休日在自己家里休息休息，这双休日就成了我们最难打发的日子，我们总是想方设法缩短双休日的时间。小嫱爸爸，你难道没有感觉到？我只能忍受一碗汤的距离。小嫱爸爸，要不接送薇薇上学的事，我们就包了？

议一议

可以从三个层面来议论这个故事。

第一个层面，是我们不鼓励隔代领养孩子。看起来爸爸妈妈的帮忙减轻了子女又要上班又要领养孩子的负担，其实不然。父母与孩子之间的关系固然是天然的。可是，父母与子女之间的亲密关系是需要培养的。怎么培养？就是当孩子需要我们搀扶的时候，我们全程在线。这种陪伴，是任由谁都不能替代的。

第二个层面，是孩子已经结婚且有了自己的孩子，就是我们享受自己生活的时候。故事的叙述人不是说自己很喜欢玩吗？是的，年纪大了以后行动不像年轻时那样自如了，可是，老年人有老年人游玩的方式方法，不是吗？何必因为女儿的强硬态度而黯然神伤呢？

第三层意思，就是我们讲这个故事的主旨了。当已经成家立业的孩子离不开父母的帮助已经成为一种社会现象时，故事中小嬉的做法倒显得难能可贵了。不错，她的出发点是为了"报复"在她需要父母的时候父母不在身边的做法，但她的做法倒是我们这个社会应该提倡的：只要自己力所能及，自己的孩子自己管理，除了可以培养自己与孩子的亲密关系，也可以借此体会父母养育自己的不易，更可以在父母身体还健康的时候让他们有时间、有精力尽情享受自己的晚年生活。故事的叙述者之所以不能体会到女儿做法的恰当处,女儿小时候她母亲没有做到位而心存内疚是一个原因,更主要的因素是现在很多当母亲的不明白该放手时就放手的真谛。

什么叫该放手时就放手?就是相信子女的自我管理能力,相信子女管理自己家庭的能力,相信子女没有父母帮忙也能将小日子过得红红火火的能力。不过,我们也看到了一种普遍的社会现象,就是已经为人父为人母的子女,觉得父母帮助自己领养孩子是天经地义的事情。我们希望通过《我只能忍受一碗汤的距离》这个故事,提醒那些将父母强行羁绊在自己生活周边的年轻爸爸妈妈们,能够像小嫱那样,解放自己的父母,让他们的人生能够有一个可以自主选择的晚年。

两个故事,两个不懂得该放手时就放手的案例,是不是给我们这样的提醒?不是所有的不放手,都像影星和他的母亲那样显而易见的。不知不觉中的该放手时不放手,才是我们最应该警觉的。

CHAPTER 08 第八章

不贪求一时痛快

当妈妈的，首先是个女人，有的还是习惯依偎在丈夫肩头的小女人。没有一桩婚姻在开始的时候是奔着失败而去的，所以，只要不选择丁克，只要不是男方或者女方身体有疾不能生育，婚后生一个宝宝，大概是很多夫妇的不二选择。孩子是使婚姻能够更加甜蜜的纽带。但是，有了孩子的婚姻未必就能天长地久。单亲妈妈，不是一个容易扮演的角色；缺少父亲的孩子，又何尝是一个轻松的角色？不要说孩子不懂得分担离了婚的妈妈心中的烦忧，孩子是失败婚姻中那个最无辜的人。当孩子心情没来由地不好而胡搅蛮缠时，做妈妈的最好不要图一时之快将孩子责骂一顿。那样的话，在孩子心里造成的伤害，真的难以估算。

第八章 不贪求一时痛快

故事 1
当妈妈就是左右为难吗?

她是电视台的节目主持人,她所属的电视台是大都市的主流媒体。可是,她主持的节目却是主流媒体的非主流节目,就像体育频道中体育彩票开奖节目,看过节目后得奖的观众欢欣鼓舞,没得奖的意兴阑珊,谁还在意主持节目的那个迟暮美女姓什么叫什么。

所以,她是节目主持人这个热闹行当中寂寞的人。

大约在30岁的时候,她跟丈夫离婚了。离婚的原因一地鸡毛。岁月流逝、事过境迁后她检点自己离婚的原因,恐怕是自己心气太高。由于心气太高,离婚时她拼命地与前夫争夺儿子的抚养权。她以前的公公婆婆哪里肯,家里就这么一个孙子，这可挑起了她性格中好斗的一面，更是拼命地争夺，一直争到法庭才了事。

可是真正跟儿子生活在了一起，才知道这事儿光靠心气高不行。先是她的生活因为儿子发生了重大变化，晚上她再也无法去赴男朋友们为她安排的约会了。晚上的歌舞升平，玩多了也叫人腻味，她以为自己已经腻味了灯红酒绿，所以才可着劲儿要儿子。等到不能去赴约了，她才发现自己其实很适应那样的生活：吃着好的，喝着好的，还有不错的男人在边上献着殷勤。这种虚幻的生活消散了未必不是好事，可是她离婚并不是打算孤家寡人过一辈子的。在她刚刚离婚的时候，曾经有过几个男朋友跟她谈婚论嫁过，那时她才经历过将一个家掰成两半的撕心裂肺的痛，就放弃了。哪里想得到现在不要说听听"嫁给我吧"这样的呼唤了，旧的男朋友纷纷离她而去了，而新的男朋友呢？她晚上无法出门了，哪里还有新的男朋友？这让她非常伤感，想象自己大概真是老了，只好专心致志地照顾儿子了。

事情是在儿子小学毕业、准备上初中的时候出现转机的。到底让儿子上哪一所学校？上离家不远的那所学校吗？那么她的生活将一如既往，下了班就得赶回家照顾儿子。说实话，她不想要这种生活了，又不能跟前夫去妥协，就是假期将儿子送到奶奶家也是借口自己白天要上班。那只有让儿子上那所这座城市人们公认的好学校。去了那所学校，儿子就要住读，学校离家远呀！在了解了那所好学校的具体情况后，她已经替儿子做了抉择，所以跟儿子谈话的时候话外音明确得不得了，才11岁的儿子当然禁不住她的诱导，选择了去好学校住读。

当然，好学校大家都趋之若鹜，她的职业优势在这个时候展露无遗。虽说是边缘节目的主持人，但是要为自己的儿子在那所好学校里占得一席之地，她的人脉是绰绰有余的。

开学了，送儿子去学校后到台里上班，她的心情好得难以形容。心情能不好吗？学校替她照顾儿子，她又要回了自己想要的生活。当天晚上，她就把自己昔日经常穿的晚礼服拿出来一一试过，惊奇地发现过去了五六年，岁月不曾在她的身上刻上年轮。于是，她信心十足地滑入了她以往的生活轨迹里，每天在台里录完节目后便去逛街，便去咖啡馆，便约了男朋友吃了晚饭后再领略一家家风格各异的酒吧。她真为自己浪费了5年美好的时光而后悔不已，继而又为当年拼死争夺儿子抚养权的行为感到可笑。

那段日子，她和儿子像是跑在两股道上的车，各行其是，各得其所。也有相交的时候，就是周末儿子回家的日子。儿子回家的日子，她一般不为自己安排节目。儿子刚住校的时候，她还特意将自己录制节目的时间调整到星期五下午是空档，这样她就可以早早地赶回家为儿子做一顿晚饭了。

一个星期五的晚上，吃着她做的晚饭儿子吞吞吐吐的像是有话要说。在她的鼓励下，儿子鼓足勇气告诉她，星期五他想在学校吃了晚饭再回家，因为她做的饭太难吃了。那一刹那，她被儿子的话噎住了，心里想，你没住读的时候不是天天吃我烧的晚饭？不过很快她就释然了，说明自己为儿子找的学校真是好，连学校的大锅饭都深得儿子的心！

她说什么也没有想到，儿子不想回家吃她做的晚饭更重要的原因，是想在周末的下午在网吧里多玩一会儿。

她不是不知道儿子有时候会去网吧玩游戏，她想偶尔去网吧玩玩游戏算不上大错，所以没加制止。如果她知道儿子去网吧不是偶尔而是经常，她说什么也不会如此宽容。儿子每次拿回来的成绩册，她也是认真阅读的，所以儿子的成绩不尽如人意她也是知道的，但是距离儿子的关键时刻不还有一段时间吗？所以她总是告诉儿子等到关键的时候一定要为妈妈争气，别的也就罢了。

她忘了，读书是循序渐进的事情，而网吧里的游戏能钩住孩子的魂灵。等到儿子初二年级期末考试的成绩放到她面前时，她目瞪口呆：大红灯笼高高挂！她用从未有过的大嗓门将儿子吼到自己的面前，瞬间，她几乎疑惑站在自己面前的是不是那个她与前夫奋力争夺才争来的儿子。那个时候，他才5岁，会皱着眉在众人面前唱"曾经为爱伤透了心"，而现在，他那么高、那么胖，却不比那个时候多懂一点事！她想狠狠地斥责儿子几句，话到嘴边却成了"你看妈妈应该怎么办"，于是，她边听着儿子的自我辩解边在心里骂自己：你真是一个失败的女人，你是一步错、步步错,如果当初没有贸贸然地嫁给那个男人,就不会有这个给她带来这么多麻烦的儿子,更不会孤零零地一个人过着不堪的日子。泪水情不自禁地涌了上来,她拿手背擦着,但是,泪水越擦越多。

儿子像是被吓着了,也跟着她抹眼泪。他这副样子多么像他的爸爸,这让她更加生气:谁说夫妻是世上关系最薄弱的熟人?说什么一离婚曾经的夫妻就什么都不是了,那个人已经把印记深深地烙印在你的生活中了。比如这个儿子,跟他爸爸一样的窝囊。气呀,所以她用尽力气吼道:"你还有脸哭,妈妈把你送进了最好的学校,你却把书读成这样,你还好意思哭!"儿子索性放声大哭起来,抽噎着说妈妈我以后再也不玩游戏了,我一定好好读书……

转天,理智回到了她的身上,她跟儿子的班主任沟通了一下,才知道儿子的差距有多么大。班主任说如果还让孩子在这所学校里垫底,恐怕不利于儿子的成长,而且他现在不适宜再住读了。

她觉得老师的建议是有道理的,所以赶紧托人在她家附近找一所过得去的学校。在等待消息的那段日子，她开始让自己习惯天天晚上在家的日子。这不是一件容易的事情，尤其想起那个男人，也是单身，大她5岁，不是大款，但有小钱——她这样的女人，找到这样的终身依靠，是不是不错？可现在，因为儿子不得不谢绝他的约会，男人属不属于她，很难说。

当妈妈就是左右为难吗？

议一议

儿子承受了节目主持人婚姻失败的后果，这一点应该没有异议吧？我们可以从以下三点分析得出结论。

一是，30岁就离婚，且儿子已经5岁，我们可以推测到主持人是什么年龄恋爱、结婚、生子的。还是一个女孩的时候就恋爱，还是一个女孩的时候就结婚，自己还是一个孩子的时候就成了孩子的妈妈，主持人对自己婚姻的草率，可见一斑。这是所有女性都应该避免重蹈覆辙的一点。

二是，为了斗气争夺孩子的抚养权而不是真心疼惜孩子才把孩子要到身边，这一图一时之快的行为，主持人后来用为孩子找一所寄宿制学校解了自己的围。她有没有想过，因为她的离婚而失去爸爸的孩子，多么渴望亲人的爱抚？儿子沉迷于网络游戏，毋宁说是得不到亲人百分之百呵护后的自我放弃。可惜，尝到一时之快后的她，没有也不想去思考这一点。

　　三是，儿子用满是红灯的一张成绩单宣告了她跟前夫斗气的结果，是满盘皆输。让我们担忧的是，主持人并没有意识到这一点，又用一声大吼撒了自己的气，却让儿子陷入了长久的郁闷中。是的，她的儿子陷入了长久的郁闷。我们跟踪了这个故事，主持人的儿子参加中考前夕，说什么也不肯走进考场。女主持人死拉硬拽都不能将痛哭流涕的儿子送进考场。中考以后，在我们的劝说下，她送儿子去了精神卫生中心。抑郁症，这就是结果。这是一个应让妈妈们警觉的后果。

第八章 不贪求一时痛快

故事 2
我更爱我的女儿

如果把女人比作一朵花，20世纪80年代初是田蓉开得最艳丽的时候。那时，田蓉在一家工厂的宣传科上班。能进宣传科而不是在流水线上做一颗螺丝钉，倒不是因为田蓉漂亮，而是因为田蓉写得一手好字！那个时候，电脑是罕见的高科技产品，哪家单位有一台四通打字机已属少见，所以，田蓉所在的工厂要发个什么文件，一般由田蓉刻蜡纸后再油印。

田蓉的好字无人不知，她的工作又要求她总是拿着文件穿梭在车间和科室之间，厂里想把田蓉娶回家的小伙子真是不少。但是，田蓉统统不为所动。小伙子们看到的是田蓉娇好的容貌和田蓉写出来的好字，看不到的是田蓉的心结：田蓉的父亲早逝，妈妈是国营菜场卖鱼的。20世纪80年代初在人们的眼里，田蓉妈妈从事的职业是低贱的。田蓉要靠婚姻摆脱她摆不上台面的家庭出身。

徐伟达也是厂里的小伙子，仗着他父亲是市里某区公安局的局长，在厂里趾高气扬的，根本没把田蓉放在眼里。那天，下了班后几个人在一起喝酒，喝着喝着扯到了田蓉。听他们说田蓉多么难追，徐伟达来了劲："看我的，我保证在半年内追到她，一年内娶她为妻。"

小伙子们高兴坏了，明知道爱吹牛的徐伟达又来劲了，都喜滋滋地在"契约"上签下自己的大名，就等来年徐伟达请他们在乍浦路美食街撮一顿。

小伙子们失算了。来年，徐伟达是请他们在乍浦路美食街撮了一顿，不过他们要为这顿美餐破费不少。婚礼嘛，总得送一份贺礼吧。

娶田蓉回家，不是因为爱她、喜欢她，而是因为跟人打了一个赌，徐伟达当然不珍惜田蓉。婚后第二年，田蓉已经身怀六甲，徐伟达说什么也要去日本，弄得田蓉挺着个大肚子空守在婆婆家的婚房里。

对儿子选择田蓉做媳妇，徐伟达的妈妈是一千个不满意，她觉得那种家庭出来的漂亮女孩总是轻薄的。可是，儿子非要娶田蓉，她也无可奈何。所以，徐伟达前脚走，他妈妈后脚就关照田蓉自己解决吃饭问题。

婆婆离开自己房间后，田蓉想哭，但是，哭给谁看？肚子里的孩子看不到。哭诉？不要说丈夫在远方，就是在身边，他都未必肯听。哭诉给妈妈听？不！在她打算嫁到这个家里来之前，没有什么文化的妈妈就告诉她那不是我们可以嫁的人家，可是自己听不进去，现在还有脸去哭诉？田蓉安慰自己，等到孩子生下来就好了。

孩子的出生彻底粉碎了婆婆的论点，就是田蓉这样的女孩注定轻薄，那孩子简直是徐伟达的拷贝，只是女孩罢了。就是因为孩子是女孩，婆婆依然不给田蓉好脸，从此以后，田蓉开始独自一个人带着女儿过日子。

一个女人独自一个人带孩子，苦不堪言。那时候，产妇的产假才56天，田蓉只好带着56天大的女儿去工厂。她上班，女儿去托儿所。一个女人抱着孩子，背着一个放着奶瓶和尿布的大包,那个时候公共汽车又特别挤,要是再遇上下雨天,够受的。但是,田蓉甘之如饴,她想的是,等到徐伟达从日本回来看见她一个人把女儿带那么大了,还不高兴?

意外是在女儿3岁的时候发生的。一直跟家里保持着电话联系的徐伟达突然没了音讯,这可把田蓉和婆婆急坏了。可是着急又有什么用呢?徐伟达铁了心要让她们担心,她们分析各种渠道传来的讯息后得出一个结论:徐伟达黑掉了。

到底是有知识的女性,在得出徐伟达黑掉的结论后,婆婆找田蓉谈了一次,告诉她可以把女儿留下离开这个家。田蓉不容置疑地告诉婆婆:"徐笑容是我的女儿,我怎么能抛下她走?"

这句话打动了婆婆。从此,田蓉带着女儿回家时就可以吃现成饭了。

可是,田蓉一颗孤寂的心由谁来慰藉?她30岁都不到,正是一个女人最有活力的时候。

马建国走进了田蓉的生活。

马建国是厂里图书馆的管理员，长得尖嘴猴腮的，却偏偏喜欢漂亮的女人。也该这小子好福气，还真娶了一个挺漂亮的老婆。照理，马建国该收心了。他也真收心了，可谁让他遇到田蓉了呢？

其实，他们两个早就认识，图书馆归工会管嘛。不过，也只是点头之交。自打徐伟达黑掉以后，田蓉经常去图书馆借言情小说读，读完了琼瑶的读三毛的，读完了三毛的读席绢的，一来二去，两个人就熟稔起来。渐渐地，两个人熟到了田蓉可以把对徐伟达的抱怨没有顾虑地告诉马建国。为了回应，马建国也告诉田蓉，自己的老婆是绣花枕头一包草，哪里像你呀，漂亮，还写得一手好字，内秀。男女之间把话说到这个份上算是打通彼此间的最后矜持了——自己的另一半已然不能令自己称心如意，为什么不能找一个能够诉说衷肠的异性？从那以后，田蓉的胃口好了起来，带午饭去单位总是把饭盒撑得满满的。婆婆总觉得自己儿子亏待了田蓉，也就由她去。她如果知道田蓉带那么多东西去单位，是为了分一半给马建国，她会作何感想？

第八章 不贪求一时痛快

田蓉没有等到婆婆有所感想，就发现马建国动了真感情，他跟他老婆闹离婚了。在从马建国嘴里得到这个消息后的那个晚上，田蓉躺在床上辗转反侧。按说这个时候她跟婆婆说与徐伟达离婚也是无可非议的，那她就要带着女儿从婆婆那里搬出去。20世纪80年代，找间房子哪里像现在这么简单？当然，她可以把女儿留给婆婆，可到底是不放心的。

隔天，田蓉还是把午饭带给马建国。两个人在图书馆面对面吃着午饭的时候，田蓉告诉马建国："你如果是为了我而离婚的话，就算了吧。"

已经送到嘴边的一块面拖蟹掉到了地上："你难道……"

"我更爱我的女儿。"田蓉没让马建国把话说完。

徐伟达始终没有回来，田蓉的工厂很快就不景气了，婆婆拿出自己的积蓄帮田蓉开了一家卖文具的小商店。生意红红火火的，她用挣的钱把女儿送到了美国。女儿走后，田蓉就和婆婆相依为命。

议一议

每一个家庭背景不够亮丽又长着一副好模样的女孩，都希望通过婚姻改变自己的后半生。这种急迫，有时候会让她们忘记婚姻的基础是彼此相爱。田蓉选择徐伟达，就是上述那段话的现实版。我们也看到了，生活给糊涂的田蓉一个结结实实的教训。

一个女人在最好的年华时，不负责任的丈夫一走了之，从此不见踪迹，田蓉的婚外情似乎情有可原。即便有着那个长相酷似徐伟达的女儿，我们也要举双手支持田蓉重新寻找幸福。但是，怎么可以去招惹有妇之夫？旁观者非常担心田蓉还没从前一个陷阱里爬出来又掉入另一个陷阱里，还好田蓉及时从一时之快中抽身出来。

现在田蓉已经年过花甲，依然非常美丽。我想，她的美丽是天生丽质，更是因为在紧要关头选对了方向。虽然徐伟达至今都没有出现在这个家庭，凭借那家小小的文具店，田蓉让丢失了儿子的婆婆晚年过得非常平和，也让女儿没有后顾之忧地考上了重点中学、考上了大学，后来成为一家建筑设计事务所的设计师。60岁的田蓉本可以关了那家文具店,女儿完全可以负担她的生活了。田蓉也曾动过这个脑筋。小小的文具店在某宝的冲击下,生存艰难。哪里想到,田蓉的一手好字在被生活耽误了20年之后,又有了挥洒的天地。女儿为田蓉的小店设计了一套包装纸,让田蓉在上面抄写唐诗或宋词。很多孩子喜欢田蓉用娟秀的字体写在包装纸上的唐诗或宋词,纷纷到小店里来买文具。有的孩子为集齐一套小店的包装纸一次次地来到小店,田蓉可高兴了。

CHAPTER 09 第九章

与其唠叨不如倾听

女性，特别是中年和老年女性爱唠叨，这已经是普遍现象。我们在嫌弃女性的唠叨之前，先从生理角度了解一下女性为什么爱唠叨。研究人员曾对50位男性和50位女性的大脑进行扫描，并对扫描出来的大脑构造图进行分析研究，发现男人和女人在对话时大脑中负责言语功能区域的活动区别很大，女人比男人的言语能力要强得多。再从心理角度说说女性唠叨这件事：女人在家主持家务，男人不管的事女人"照单全收"，管的事多而琐碎，必然要"说"。爱唠叨，缘于女人们关心家庭的每一个成员和家庭生活的每一个细枝末节，是有爱心和责任心的体现。

尽管我们从生理和心理两方面给女性的唠叨以正解。但是，喋喋不休惹人烦，也是不争的事实。

故事 1

谁来融化这块坚冰?

第九章 与其唠叨不如倾听

我认识她的时候,她丈夫正住在医院里,肝癌晚期。等到我与她开始熟悉起来,她丈夫已经成了她们家床头柜上的一张照片。那年,她才45岁。

她们家床头柜上那张照片上的她丈夫风度翩翩,黄色的T恤,米色的西裤,咖啡色的皮鞋,背景是欧洲的古城堡和蓝色的大海。她说是她丈夫在英国做访问学者时拍的。

一个英俊潇洒的男人,在癌症面前不也是弱者吗?可是,单位里的人都说败得更彻底的还是她!她丈夫是家里的顶梁柱,丈夫在的时候,她的钱包总是鼓鼓的,到淮海路上逛一圈,从来都不会空手回家——钱都是她丈夫办英语辅导班挣的。

其实，这还不是最让她感到失败的地方。她丈夫一撒手人寰，她与女儿之间的桥梁也断了。从来就只相信刚性管理的她，在女儿很小的时候对女儿就非常严厉，所以单位里有这样的传言，在马路上遇到他们一家三口，永远是她一个人走在前面，而她丈夫和女儿挽着、搀着、搂着亲亲热热地跟在她身后。

丈夫去世了，最直接的反映就是她女儿在来年的高考中失利了。怎么办？她决定送女儿出国念大学。单位里的人都埋怨她的女儿不懂事，爸爸过世不久，妈妈正孤独难耐，你怎么可以说走就走？还有，出国留学可是一笔不菲的费用，爸爸去世后让妈妈一个人来承担，怎么可以？这样的议论总是能传到当事人的耳朵里的，趁单位全体人员在一起吃年夜饭的当口她自豪地宣布，她女儿去加拿大温哥华的签证已经落实。"我有三个理由让女儿出国留学，首先是我先生生前的愿望，其次是我女儿向往的事情，第三……"她突然顿住了，抓起面前的啤酒杯猛灌了一口，结果呛住了，咳了起来。有人找热水，有人拍她的背，等到她恢复了常态，人们的注意力早就转移出了她的话题，她这才舒了一口气。

丈夫刚刚离去的时候，她和女儿在较长的时间里沉浸在对丈夫和爸爸的回忆中，两个人倒是相安无事。但人们总是要继续自己的生活的，哪怕失去的那个人是自己的至亲。就在这个时候，女儿高考失利的事实残酷地摆在了她们面前。她说："你以为你爸爸承诺的送你出国留学的事情还能兑现吗？我们没钱了。"女儿没等到她把话说完，就躲进了厕所，她抹着眼泪在心里说，这些我都懂，家里已经没钱让我出国了。我是想好好考的，但是……如果女儿能把心里想的这些话告诉她的话，可能彼此间的不愉快很快就烟消云散了。但是，女儿觉得在她面前无法说出心里的话，当年自己来初潮的时候吓坏了，找的也是爸爸。

风度翩翩的英语老师走了，小姑娘高考失利了，两件事好比两块冰被母女俩放在了家里。高考落榜以后，每一天女儿哪里也不去，就等她下班回家。这样的话，她到家时女儿已经准备好了两个人的简单晚餐，吃过饭、洗了澡坐在客厅里看电视，通常才7点过一点。于是，晚上的时

第九章 与其唠叨不如倾听

段变得漫长起来。女儿跟她又没什么话可说，这个时段就变得更加漫长了。有一天，她突然恐惧起来，再这样下去，她跟女儿之间的关系就完蛋了。意识到这一点，她躺在床上就怎么也不能入睡了，数羊也好，回忆往事也好，就是无法让自己进入梦乡。一夜无眠后她决定砸锅卖铁也要把女儿送出去，如果这样做能换回女儿与自己的亲密无间，值！这就是她在饭桌上差点脱口而出的第三条理由。可这样的理由能告诉同事们吗？

女儿到底年轻，可是与女儿同行的小伙伴不也年轻吗？有好几个人忍受不了加拿大地广人稀的寂寞，特别是冬天那又冷又硬的风，回家了，但女儿坚持了下来。她很自豪，自豪之余，又酸楚不已：女儿为了避免与她相处的尴尬，居然吃下了许多人吃不了的苦！

转眼，四年过去了，女儿本科毕业，邀请她去温哥华参加毕业典礼。去了加拿大，才知道女儿在那里过的是什么日子。加拿大是大，但那是人家的家，她女儿只能跟四个留学生挤在狭小的空间里，房间里那个乱！没有钱，就是有钱也没有时间给自己弄吃的，女儿就天天拿她打工的面包房卖剩的面包充饥。她心疼不已，劝女儿既然已经毕业了，就回国找工作吧。可女儿说什么也不答应，说是妈妈为了她出国留学这几年受苦了，她要在加拿大找一份好工作，赚很多钱补偿妈妈。她笑了，夸女儿真的懂事了。可是在回国的飞机上，她忍不住泪流满面。她没有想到四年这么悠长的时间都没能打开女儿的心结。

　　二十一二岁的女孩子，虽说谈婚论嫁还早了些，但是应该有个男朋友了。单位里的人总有事没事地问她女儿是不是已经名花有主了，这样的问题总被问了将近两年吧，众人得到的回答总是："还没有，她如果有男朋友了，还不告诉我！"这样的答复随着岁月的流逝，越来越让她心虚。有不知轻重的同事就直截了当地捅她心上的那块疤："你女儿大概有了男朋友不愿意告诉你吧！"她涵养好，笑嘻嘻地回答人家："不会的。"但是，她心里明白，以她在温哥华时女儿与她的关系判断，怎么不会？要真是这样的话，这个女儿算是白养了。夜深人静的时候，她回想往事，女儿为什么会跟她如此生分？还在女儿上小学的时候，她就听从别人的劝告——什么最好的家庭教育模式是严母慈父,对女儿特别严格,从学习到生活上的事情,吩咐女儿的时候从来不苟言笑。在这样的教育模式下,女儿争气地从重点小学一路读到重点高中。发现女儿不太愿意跟她亲近的时候,丈夫还在,还没有生病。他们一家三口去逛马路,女儿从来就跟她爸爸勾肩搭背的;对她,是连手都难得牵一牵的。丈夫还在,凡是要跟女儿沟通什么,丈夫是红脸她是白脸,倒也相安无事。丈夫意外地故去,尽管万般无奈,她还是把女儿送了出去。她以为女儿在慢慢长大,女儿会理解她的一番苦心的,但是……

  她决定打个国际长途给女儿,试探一下心中的猜测到底是真还是假。电话通了,听女儿的口气好像很诧异她居然打电话过去,她的眼眶一热,心里说女儿啊,为了你妈妈可以舍弃一切,可是你不懂!她说:"我想明年暑假再去你那里照顾你,好让你全心全意地工作。"女儿显然愣了愣,回答:"你不是跟同事说好去北欧玩的吗?""可是我不放心你,还是过去照顾照顾你吧。""不用,妈妈,我自己能行!你还是和同事一起去北欧吧,加拿大地广人稀的,没什么好玩的,再说你也来过。去北欧吧,费用我来出。"她的心凉了半截,但还是挣扎着把心里最大的疑惑抛了过去:"女儿,有男朋友了吧?"女儿明显地犹豫了一下,说:"还没有。""那就这样吧。"她说,电话还没有挂断,已经潸然泪下。

议一议

直到现在,她还是不明白究竟是为什么,女儿和她如此生疏。如果说丈夫健在的时候,女儿跟她的爸爸亲,正应验了民间的一种说法:儿子跟妈妈亲,女儿与爸爸亲,性别交叉的缘故也。丈夫离世已经这么多年了,丈夫不在的这几年里,想到这个世界上只有她和女儿两个亲人相依为命了,她已经非常注意收敛起自己以前有些强硬的脾气,改凡事命令女儿为凡事都跟女儿商量着来,怎么还换不回女儿的亲昵呢?

听过她的倾诉后,我们说,你跟女儿在一起的时候,说得太多了,让你女儿不耐烦了。也许,女儿起先是能够接受妈妈与她一起生活的模式的。可是,一看见女儿就不停地说呀说,她到底吓坏了女儿。

听我们点到的问题症结，她表示很不能理解，说："我丈夫还在的时候，只要一有可能，女儿就跟她爸爸腻在一起，她爸爸不也在跟她说说说，她怎么就一点儿也不厌倦呢？"我们回答："你看见女儿跟爸爸在一起，就能确认是爸爸为教化女儿在不停地说说说吗？为什么不能是女儿在对爸爸说说说呢？"她一愣，问："谁说不是在说话？"她不懂，和儿女在一起的时候，我们一味地说说说，就是在教化；而让孩子说说说，是我们在倾听女儿的心声。更多的时候，我们倾听比我们唠叨更能消弭代沟。

她应该听一听，爸爸病逝后在女儿心里留下的空洞让她有多难过。

她应该听一听，爸爸离世后女儿的学习节节败退，到底是时间都让思念挤占了，还是她努力了实在是力不从心，才无法让九泉之下的爸爸放心，更无法让妈妈满意。

她更应该听一听，一个人在异国他乡求学，像样的成绩背后都有一些什么样的故事。

想要拉近与孩子心与心之间的距离，倾听比唠叨重要得多。

故事 2
她怎么能把我推出门外？

第九章 与其唠叨不如倾听

小甄住在我家的楼下。

这年头，邻里之间的关系已经进步到了老死不相往来的"境界"，所以，我不认识小甄才是正常的。

认识小甄，的确是因为一次偶发事件。

我们办公室的小姑娘，有一个非常不好的习惯，就是从铁皮文件柜里拿过文件后从来不顺手把柜门关上。这一次，我正蹲在那里整理文件柜下层里的东西，猛然站立起来一头撞上了敞开着的铁门。刹那间，我什么都看不见了，只感到有热乎乎、黏乎乎的液体顺着我的手往下流……因为脑袋上缝了6针，老板给了我一个星期的假。

不用上班真是美啊,可以睡到自然醒,吃了一顿说不清是早餐还是午餐后,我坐在我们家的大窗台上读书。我真是喜欢我们家的大窗台,只要有太阳,可以坐到夕阳西下。这一天,我才捧起书本,就听见我们家的门铃响了。我嘀嘀咕咕地过去开门,门一开见不是我先生,这真叫我尴尬万分,一下子竟不知道跟对面这个陌生的女人说什么。她说话了:"能不能借你家电话用用?"我万分狐疑,这年月还有谁家不装电话的?可她一身清爽的打扮,绝对不是打扫楼道的清洁工,更不像贸然闯进楼里的推销人员。狐疑间你能做出的选择只能是顺坡而下,我做了一个请的手势。我把电话递给女人以后应该回避的,可她不是陌生人吗?我只能在远离她的一隅坐下继续读书。

书拿在手里是装装样子的。女人用非常尖厉的声音对着电话的听筒说话,严重干扰了我,我不听也得听呀。

"你女儿把我锁在门外了。我在楼上邻居家打电话。"

对方一定是她先生。有孩子的夫妇多半都这样,孩子好样的,就是我儿子我女儿;孩子犯傻了,就是你儿子你女儿了。

"我就是批评了她几句。我是她妈妈,我说她几句不行吗?"

这个女孩子的性子真是够烈的,敢把妈妈赶出家门。

"你如果不赶回来,女儿要是有个三长两短,我要你陪葬!"

后来,她女儿没有发生什么三长两短,因为在我的建议下,她拨打了110。消防战士神勇地从我家窗户降落下去,打开了阻隔这对母女的那扇门。

事情过去三天后的傍晚,小甄带着一包大红枣敲开了我家的门,说是那天看见我头上有伤口,正好老公出差回来带了大红枣,"这东西是补血的。"小甄说。

我没有随便接受别人礼物的习惯,尴尬地笑着说:"不用太客气,这么点小事,邻里间应该的。"

小甄可不管这些,她硬是把红枣塞到我手里:"两回事!我觉得这红枣好吃才给你送来的,你吃了觉得不好,扔了就是。"

这样的直截了当,我只有收下东西。

这一来二去的,打开了阻隔我和小甄的楼板。也是奇怪,从那以后,我散步的时候就经常能遇上小甄和她女儿。我没有想到小甄有一个这么大的女儿,都读高中了,而且长得漂亮。看见她温顺地拽着小甄的胳膊走在小区的绿荫下,我无法将她和那个将妈妈推出门外的举动联系在一起。随着认识小甄的时间越来越长,随着听到的小甄的倾诉越来越多,我越来越同情小姑娘啦。

每隔三两天,小甄都要跟她丈夫吵一架。为什么?小甄告诉我她丈夫除了把工资卡交给她外,其他收入概不报告给她。我笑问小甄,难道还不够吗?小甄显然没有想到同为女人,我居然不与她站在一边,所以她愣怔了半晌,才说:"你大概不知道,我老公是一家广告公司的副总,工资外的收入要比工资多许多。"

"再多,不也是家里的钱。"

听我这么一说,小甄惊呼:"我的姐姐,你不会是外星人吧?男人口袋里的钱一多,就要变坏!"

"太夸张了吧!"

为了向我证明她的观点,小甄沉吟片刻后把她父亲的故事告诉了我。

小甄的父亲曾经是小县城的大官。在那种小县城里，权和钱是近义词，所以她父亲就有了一个相好的。纸终究是包不住火的，父亲的丑事败露了，父亲的大好前程也毁于一旦，现在在老家种地呢。

这样的肝胆相照我实在消受不起，能说的也只能是一句老生常谈："不是所有的男人都这样的。"

"你敢保证我老公不是那样的人？"

我可不敢保证。可是，我敢说维系婚姻的最好办法是女人要保持住自己的状态。

"我知道你要说什么。可是，我已经在家待了快十年了，还能回到社会吗？所以，我在牢牢掌握住我丈夫的秘密外，一定要我的女儿好好学习。她决不能像我一样将自己的命运寄托在他人身上，哪怕这个人是她的丈夫。"

天哪，把夫妻关系都处理得剑拔弩张的，她的身心还有放松的时候吗？把这样的紧张心态带入对女儿的教育中，女儿把妈妈推出门去，也是可以理解的吧。

议一议

对邻居都能唠叨起来没完没了，对心存疑虑的丈夫呢？

可以想象，像小甄这样大门不出二门不迈的全职太太、全职妈妈，又疑心重重，忙碌了一天的丈夫进了家门以后，她给丈夫的不是冬天一碗红枣赤豆汤、夏天一碗绿豆汤，而是没有止境的盘问：今天一天都干了什么？噢，开会了。不见得一天都在开会吧？真的一天都在开会！那你们公司前台的那个小妖精一定很开心吧！为什么？切，这还需要问为什么？她就能扭着腰肢给各位老总端茶送水了呀，说不定你们中的谁就上了圈套让她做了小三。好吧好吧，我不胡说八道，可是，我告诉你，假如有一天她勾搭上了你，瞧我怎么收拾你……

当她每天晚上照例给丈夫上这一"课"的时候，女儿在听吗？日复一日的"规劝"课，女儿一定是从不明就里开始听到了她妈妈的无聊。从心底里开始厌烦妈妈的女儿，会因为一件不足挂齿的小事而爆发。后来我特意打听了一下，那一次把妈妈关到门外，只是因为小甄叮嘱了一句女儿:"赶快写暑假作业,不然又要来不及了。""来不及也不关你事。再说了,我自己的事自己会处理。"当时,女儿这么回答小甄。听罢女儿心怀不满的回答,对小甄来说最佳的解开女儿心结的方案是,邀请女儿聊一聊她的暑期安排。我们可以肯定,心烦意乱的小甄女儿并没什么暑期打算。可是,在她向母亲倾诉的过程中没准一份完美的计划就出炉了。在倾诉和聆听的过程中,母女的感情也增进了。

可是,小甄当时采用的方法又是一通数落。从女儿小学时就不能按时完成假期作业说起,一直说到了因为学习习惯不好,导致上了高中成绩也不见起色……女儿能不奋起反抗吗?

减少唠叨尽量聆听,是改善母女之间关系的良方。当然,就我目睹的小甄与她女儿在一起的画面,她们两个的关系还没有到急需改善的程度,只要小甄注意一下与女儿相处的方法就行了。我们倒是觉得,小甄应该改善一下与丈夫的关系。每晚一趟停不下来的唠叨,总有一天会把丈夫变成一个不回家的人。

第九章 与其唠叨不如倾听

每天晚上丈夫回家时，小甄应该听丈夫聊聊，白天的工作辛苦在哪里，他又怎么智慧地解决了工作中的难题，以及接下来他的工作打算。这样，丈夫郁积在心里的工作压力通过倾诉得以释放。另外，久未与社会接触的小甄，也可以通过丈夫的叙述，对外面的世界能了解一二。对小甄女儿来说，这样的妈妈恐怕更像妈妈。

TA YU JIA

CHAPTER 10 第十章
不做情绪型妈妈

情绪型妈妈，指的是情绪不稳定且难以预测的那一群妈妈。情绪型妈妈通常有一点焦虑，有的甚至是过分焦虑。情绪型妈妈会情不自禁地把自己的一点点沮丧放大到世界末日就要来临的地步。当她们崩溃的时候，会把自己的崩溃情绪传递给孩子，让孩子承受着同样的绝望和愤恨。当自己无法把控自己的情绪时，那就应该求助心理医生了。假如自己能够意识到自己在为人处事时又情绪化了，可以邀请孩子跟自己一起克服情绪障碍。

第十章 不做情绪型妈妈

故事 1
把忧伤赶出去

把结婚证书换成离婚证后,雪青慌忙从办事处逃了出来。她连回头看一眼前夫的勇气都没有,怕就这一眼,好不容易培育起来的自尊、自信,就被前夫的魅力全部击碎。前夫长了一副好身板,容貌也不差,原本让他稍嫌遗憾的细长眼睛,现在也随着"韩流"开始流行了。他又有一份相当不错的职业,所以很是招蜂引蝶。前夫有比红颜过分一点的女朋友,从他与雪青结婚一年半后就开始了。

第一次雪青被告知丈夫有了外遇,她还不相信,觉得是因为闺蜜觉得她的爱情太完美了,故意来作祟——毕竟,他们新房窗户上的"囍"字色彩还鲜亮着。按照雪青的理解,男人有外遇嘛,是因为家里没有爱情。他们是一见钟情,二见不能分离,再见就决定永远在一起的爱侣啊,怎么可能没有爱情?

几经挣扎,雪青才不得不承认,自己很不幸遇到了一个喜欢勾搭女性的"多情"男人。确认前夫是这样的男人后,她不愿意将他归到道德败坏那一类去,就去图书馆查阅心理学资料。还真被她查到了。经过研究,心理学家发现,人群中有一种特殊的人,即对多巴胺、后叶催产素等爱情激素"上瘾"的人。这样的人,一旦体内的后叶催产素等激素水平消退,就会通过另寻新欢再次获得刺激源,从而享受激素高分泌带来的极度愉悦兴奋。他们就是我们通常所说的花心人、喜新厌旧的人。

既然前夫多情是因为有病,雪青就一直隐忍着。但是,最近的这一个居然找到了家里,说肚子里已经有了前夫的孩子。雪青抬眼看了看这一个,虽说不上是个美人,因为年轻,那一股勃兴之气,雪青是万万找不回来的。这样的女孩,为什么喜欢勾搭有妇之夫呢?雪青恶意地想:我就不同意离婚,看你怎么办!但最后,雪青还是选择了不再容忍，也是替前夫着想。假如那姑娘一撒泼吵到了前夫的单位，对他的影响不可估算。一日夫妻百日恩，想不到相爱的人到了分手的时候，雪青才了解个中滋味。

女儿跟着雪青。自打前夫净身出户后，雪青就下定决心，虽说现在是单亲家庭了，但是女儿得到的爱只能比她离婚前要更多。她下定决心要让女儿快快乐乐地成长。

可是，谈何容易？前夫走后很长一段时间内，雪青觉得不应该让孩子知晓她与她爸爸感情破裂的真实状况。女儿每每问起爸爸呢，雪青总是说，宝贝，爸爸出差去了。前夫没离家的时候，也经常出差，再出差也有回家的时候。雪青这种善意的谎言说多了，女儿虽说不反击，可是雪青看出来女儿有些疑惑。夜深人静的时候，雪青觉得，自己撒谎是为了让女儿高兴，现在女儿不高兴了，这种谎言还有必要说吗？思来想去，雪青决定把女儿当大人，好好地跟她谈一次。

选了一个周末的晚上，雪青对放学回家的女儿说，我们去吃肯德基吧。女儿惊得挎在肩上的书包"刷"地滑落到了地上。是的，雪青非常反感像肯德基这样的垃圾食

品，所以轻易不会同意女儿去那里。"别这样，"雪青笑盈盈地捡起女儿的书包，"不就是吃了会发胖吗？偶然吃一次我们不怕！"女儿雀跃着牵着雪青的手出门了。

才5点钟，肯德基店里的人不多，雪青选了一张临窗的桌子坐下，然后掏出100元钱给女儿："吃什么，吃多少，今天由你说了算。"女儿接过100元钱，惊愕得张大了嘴巴，好一会儿才平静下来，拿着妈妈给的钱去柜台点餐。雪青看见，小姑娘兴奋得一把扯掉了脖子上的红领巾。她不禁默默许愿：但愿一会儿她的情绪不至于走向反面。

汉堡、辣鸡翅和薯条，很快就被女儿有滋有味地塞进了嘴里咽进了肚子，同样的东西在雪青吃起来则是味同嚼蜡。除了这些东西实在不合雪青的口味外，她在斟酌怎么跟女儿开始今天的话题。

看看雪青没有动身的意思，女儿问妈妈："我们还不走吗？"雪青笑了："你以为妈妈没事会请你到这里来吃这垃圾食品？"女儿不解地睁大眼睛："最近我的表现不错呀。"那双跟前夫一模一样的细长眼睛，怎么努力也大得有限，可雪青不得不承认，女儿有了这双眼睛，颜值陡增了不少。"是啊，是啊，我的女儿嘛。"雪青终于想出第一句话该怎么说了："今天是因为妈妈表现不好，才罚自己请你来吃你喜欢的肯德基的。"女儿开怀大笑起来，好不容易止住了大笑，问雪青："妈妈也会犯错误？"

雪青正色道："会的，而且是很大的错误。"

雪青的严肃影响了女儿，她表情凝重起来，做出了洗耳恭听的样子。

雪青捋了捋前刘海，吞吞吐吐地对女儿说："爸爸他是一个好爸爸，特别喜欢你，所以他离开我们时把房子留给了我们，还有让我们可以随时来吃肯德基的钱。可是，爸爸他不是妈妈的好丈夫，所以，妈妈跟爸爸离婚了。"女儿吧嗒吧嗒地眨着眼睛，叫雪青看得心疼，她不想为难女儿了："妈妈骗了你，说爸爸出差了，其实他离开我们了。"

女儿还是吧嗒着她的眼睛，不说话。雪青有些着急："宝贝，你不是在怪妈妈吧？"

女儿"哇"地哭了出来，惹得周围的眼睛都看了过来。雪青赶忙坐到女儿身边，把她搂到自己怀里："宝贝，是妈妈不好,让你受委屈了。"

女儿真是好样的,擦干眼泪问雪青:"那我还能不能见爸爸?"

雪青忙不迭地回答:"可以呀。随时。"

"那我现在可以给爸爸打个电话吗?"

"为什么不?"雪青把手机递给女儿。

看着女儿拨通前夫的电话,听见女儿告诉前夫:"妈妈带我吃肯德基了,开心死了。"一旁的雪青喜欢得恨不能把女儿搂得紧紧的再紧紧的。

女儿挂断电话把手机还给雪青后,站起来告诉妈妈:"好了,妈妈,我知道你和爸爸离婚了,从今以后我们的家没有爸爸了。"她顿了顿,又说:"我有些难过。但是,我们回家吧。"

雪青没有动弹,因为她带女儿来这里的目的,还没有完全达成。她环顾左右后也站了起来:既然女儿已经接受了她与她爸爸离婚的事实,有些事情就回家说吧。

回到家里,雪青给自己泡了一杯红茶擎在手里,问女儿:"宝贝,妈妈还有一些话要对你说。你想喝点什么?"

女儿一转身给自己倒了一杯橙汁，一边喝一边走过来坐到了雪青的对面，摆好了听妈妈说话的姿态。

雪青说，家里只是少了爸爸，其余什么都没有变化。我不想因为这个家庭少了男主人而变得郁郁寡欢。是的，离婚不是一件好事，说到这里，雪青咬住嘴唇，决定让离婚的原因成为女儿心里永远的秘密，又说道："但我不想因为我和爸爸的错误让你的生活不快乐。我要把忧伤赶出去，但这需要你帮忙。"

女儿咧嘴伸出右手掌，跟妈妈响亮地击了一下。

从那以后，雪青带着女儿过上了快乐的生活。

一个人要带女儿过快乐的生活，难啊。难的是有时候她要向女儿妥协。女儿喜欢王力宏，王力宏是谁？趁女儿不在家的时候，雪青把女儿的 MP3 塞进耳朵里，从声音上认识了王力宏后，还嫌不够，又去买了王力宏演唱会的 DVD 回来看，觉得这么阳光的歌手女儿喜欢喜欢还是可以的。正好 RADIO MUSIC 的排行榜到她们的城市开音乐会，演唱会的歌手中有王力宏，雪青托人弄了两张票。

女儿知道有这两张票后，疯狂了。到了现场，特别是在现场听到王力宏的《爱的就是你》时，女儿更加疯狂了。这歌听得雪青的心"别"地一跳，她想，她要看准时机给女儿打打预防针，爱谁可是一个大学问。那是远虑，近忧是，母女两个回到家后才意识到，女儿第二天要交的作业还没有完成。为了这疯狂，雪青母女两个付出的代价是，一起奋战到凌晨3点钟。

看到雪青在离婚以后采用了另一种管教女儿的方法，很多人都说雪青，我们看你也是疯狂了。他们的言下之意雪青怎么能不懂：你这样宠女儿，她还能好好读书吗？幸亏幸亏，与前夫分手后的一年里，女儿两次期末考试的成绩都相当不错。

议一议

发现婚姻出了问题，选择离婚而不是将有问题的婚姻将就下去，雪青在数次被骗后幡然醒悟的选择，是值得肯定的。现实生活中，有许多夫妻在还很年轻的时候，就意识到自己的婚姻距离理想相差太远，可还是选择两个人在一个屋檐下将生活继续下去。原因很多，最滑稽的一条是，为了孩子的幸福。

　　试想，婚姻不幸福的家庭，气氛会欢快吗？也许，貌合神离的夫妻能给孩子营造出欢快的家庭气氛，但假的就是假的。我们不止一次听到一个在父母婚姻不幸福的家庭里长大的人抱怨："他们当年还不如离婚呢。至少他们的后半生也许会幸福。"

　　离婚以后能跟女儿一起行动起来，将忧伤赶出单亲家庭，这是雪青做得特别好的地方。离婚以后悲悲戚戚的妈妈不少，总让失败的婚姻淹没自己，久而久之，自己就会变成一个情绪型的妈妈。情绪型的妈妈会给成长中的孩子带来什么样的负面影响，我们在前面已经交代过。如果雪青重蹈那些因离婚而不快乐的妈妈的覆辙，那么，雪青这一生将真是失败的一生。

　　现在多好，她至少可以看着女儿快乐地成长而幸福无比。

故事 2

妈妈的心是玻璃做的

这个妈妈的心是玻璃做的。玻璃，真是好东西呀，透明、纯洁、漂亮。但是，玻璃它也脆弱呀，只要有外力这么一击，甚至没有外力，只要过于冷了、热了，它都会裂了、破了、碎了。古诗云：彩云易散琉璃脆。

这个妈妈的爸爸妈妈是一对冤家。在她很小的时候，她的爸爸迷上了石头。跟当时的所有家庭一样，他们家的房子非常局促。她妈妈就嘀咕了几句再弄石头回来，家里人就没地方睡觉了。她爸爸一甩手就把她妈妈烧好的摆放在桌子上的饭菜全撸到了地上，还发狠道："我要把家里都摆满石头。"直到她已成了一个小女孩的妈妈，她的爸

第十章 不做情绪型妈妈

爸妈妈还是一对冤家,两个人一起出门,从来就是一前一后。有一次,爸爸妈妈去地铁站打算搭乘地铁走亲访友,爸爸一个人都已经走到了地铁口,还不见妈妈跟上,刚要发怒,听说有个老太太被车撞了。预感不祥的爸爸赶紧回头去找,被撞的果然是妈妈,老太婆躺在地上已经不省人事。

在她恋爱之前,她的哥哥姐姐先后结束了自己的婚姻,这更让她对婚姻产生了恐惧。如果不是她先生的穷追猛打,她恐怕这一辈子都会远离婚姻。

据说,她考大学的成绩能进入上海市的前十名,应该是一个聪明人。聪明的人一般都敏感,所以,没有人提醒她都很清楚,婚姻不是金银珠宝,在银行租个保险箱一存放,就能万事大吉。她也很明白,丈夫靠看管是管不住的。但是,丈夫在身边到底要安全一些,要命的是单位要派她丈夫去美国常驻,那时候他们的女儿才5岁。当然,他们可以选择放弃,单位里盯着去美国的人多着呢。可是,到了美国挣的工资可比国内的多了许多,对他们是个不小的诱惑。所以,他们最终的决定是让丈夫去美国。

因为爸爸妈妈哥哥姐姐的婚姻带给她的不安全感,也随丈夫的远去越来越强烈,并且,她无法克制地把恐惧带进了生活。

丈夫走后半年,女儿该上小学了。他们已经不缺钱了,就为女儿选择了离家不远的好学校。从幼儿园到小学,对每一个孩子来说,都意味着一次蜕变。就拿回家作业来说,幼儿园的老师也布置,但你完成不完成,老师不太在意,到了小学,老师就要求你必须按时完成作业了。对于这人生的第一次蜕变,她的女儿跟所有的孩子一样不适应,且这个不适应期长过了学校里所有的孩子。作为这样一个孩子的妈妈,就要比一般孩子的妈妈辛苦些,因为你要帮助你的孩子尽量缩短这个适应期。她也确实要比一般孩子的妈妈辛苦许多,辛苦在脑力而不是体力。她总是在想:我把先生从美国捎回来的小饰品、香水什么的送给老师了,她们为什么还这样对待我的女儿!愤怒之下,她告诉女儿:"你爸爸不在家,我们就成了孤儿寡母。你别指望有人会同情我们和帮助我们,所以,凡事都得靠我们自己。"这样教育的结果是女儿与老师乃至同学的矛盾越来越深,并把自己变成了惊弓之鸟,即便是在自己家里洗澡,她女儿都不敢背对卫生间的门。"为什么?"女儿答:"害怕!""在自己家里害怕什么?""就是害怕!"她认定这是那所歹毒的学校带给女儿的后遗症,于是,转学!这一回的学校离家很远,她真是辛苦,每天接送女儿,还送了许多小礼物给女儿的老师。这所学校的老师果然受用香水呀油卡呀什么的,待她女儿很好。她女儿也就在和煦的春风吹拂下长大到了进中学的年龄。

中学也是她精心为女儿挑选的,这一次更是惊心动魄。为了让女儿能进入她心仪的学校,她把家搬到了学校附近,就别提给老师送礼物了。女儿的班主任在女儿读到初一的时候换了。不知为什么,女儿没有及时把这个信息告诉她。等到她知道了,事情已经不可收拾,女儿说什么也不肯去学校了。"为什么?"她问。"他骂我是下等人。"她弄了半天才弄明白"他"就是刚刚上任的班主任。"你干了什么让他这么骂你?"女儿嗫嚅了半天,回答:"上课的时候我挖鼻孔了。"她当然要去学校给女儿讨回公道。可是,这事儿哪有公道可言?那个晚上,听到女儿的倾

第十章 不做情绪型妈妈

诉，她只要就事论事地给女儿疏导一下老师为什么会失控地讲出那些话，给女儿脆弱的心稍加按摩，事情也许就过去了。可谁让她的心是玻璃做的？玻璃心的妈妈通常会把一滴水堪称一湖春水。从此以后，女儿与班主任的矛盾因为她处理不当，越来越大。也想过效仿女儿读小学时的做法，给女儿转学，可半途插班太难了，女儿只好在那所小姑娘感觉仿佛魔窟的学校里继续待着。这时候，玻璃心妈妈都有机会帮助女儿从错误认知中走出来。比如，告诉她之所以她觉得学校不好，是因为她的偏执。可她比女儿更偏执，固执地认为学校不待见她女儿，且不消停地将这样的认识说给女儿听。

  那天，丈夫半夜三更打来的电话吵醒了她，与丈夫说完话放下电话，她发现躺在身边的女儿大睁着眼睛。"是被你爸爸的电话吵醒的？"女儿摇头。"一直没有睡着？"她惊恐地发现，才12岁的女儿，居然学会了失眠！从那以后，她上班之余就做两件事，上天入地地想法给女儿换一所学校和给女儿找一个好医生。前一件事说好办也好办，女儿去了一所收费昂贵的私立学校；后一件事真是一个漫长的过程，在我写这篇文章的时候，她说她女儿还是每天只能睡着三四个小时。

议一议

这个故事很典型，告诉我们情绪型妈妈是怎么毁掉家庭幸福的。

故事中的"她"因为妈妈不能苟同爸爸的生活方式，总让自己处在愤怒里，她和她的姐姐、哥哥在妈妈的愤怒里长大，神经时常处于紧绷状态，惊恐不安成为他们儿时回忆中最难忘的感受。她哥哥姐姐婚姻不幸福，就是愤怒的妈妈给孩子带来的后果。

看到哥哥姐姐婚姻不幸，故事中的"她"想尽办法保护自己的婚姻。处在这种强烈的不安全感里，她不是一个情绪型的妈妈，简直不可能。只是她的情绪型与她妈妈的情绪型还不是一种类型。假如说，她妈妈是愤怒的妈妈的话，她就是一个悲哀的妈妈，焦虑、情绪低落、容易伤心等这一类妈妈的主要特征，我们在故事里都读到了。那么，像这样经常处于不愉快状态、经常情绪低落的妈妈，

会给孩子带来什么样的影响呢？故事已经告诉了我们。在这里，我们再总结一下：当妈妈经常表现出悲哀和惊恐情绪时，孩子能敏感地捕捉到妈妈的不对劲，他们内心因此会缺乏安全感和被遗弃感。她们特别容易烦躁，特别敏感。故事中女儿的种种表现简直是在为缺乏安全感、被遗弃感、容易烦躁和特别敏感等心理学专用名词做注解。

我们在这里讲这个故事是为了提醒大家，假如家里的孩子有了故事中女孩的表现，千万不要讳疾忌医，一定要尽早去找心理医生。假如她们的心理问题得不到矫治，"对亲密接触的渴望似乎永无止境，有强烈的占有欲，对另一半也容易有猜疑嫉妒的心理……"这些潜在的问题，不用说，将毁掉她们未来的家庭生活。

图书在版编目(CIP)数据

今天如何做母亲/吴玫著.—上海:学林出版社,
2019.1
(她与家系列)
ISBN 978-7-5486-1477-7

Ⅰ.①今… Ⅱ.①吴… Ⅲ.①母亲-女性心理学-通俗读物 Ⅳ.①C913.11-49②B844.5-49

中国版本图书馆CIP数据核字(2018)第276781号

责任编辑 许苏宜
封面设计 张志凯

她与家系列

今天如何做母亲

吴 玫 著

出　　版　学林出版社
　　　　　(200001 上海福建中路193号)
发　　行　上海人民出版社发行中心
　　　　　(200001 上海福建中路193号)
印　　刷　上海盛通时代印刷有限公司
开　　本　890×1240　1/32
印　　张　6.375
字　　数　9万
版　　次　2019年1月第1版
印　　次　2021年3月第3次印刷
ISBN 978-7-5486-1477-7/G·559
定　　价　42.00元